CALLWEY

Augen**schmaus**

Tischdekoration. Anders!

FOTOS **MATTEO MANDUZIO** | STYLING **NATASCHA SANWALD** | TEXT **PETRA HARMS**

Augen**schmaus**

Tischdekoration. Anders!

Mit Rezepten von **Johann Lafer**

CALLWEY

Stephan
Christiane

KREATIVITÄT STATT PERFEKTION

Das Wort Gastgeber bedeutet, dass man seinem Besuch etwas geben will: Zeit, einen entspannten Abend, ein köstliches Essen und ein stimmiges Ambiente. Viele fürchten dabei, dass so etwas in Stress ausartet. Muss es aber nicht. Wir haben für elf Anlässe extravagante und unkomplizierte Ideen gesammelt, die einen Rahmen schaffen, der Ihnen und Ihren Gästen sicher einen harmonischen, unvergesslichen Abend beschert.

Das perfekte Dinner

Es ist kaum zu übersehen: Es wird wieder gekocht. Seit Jamie Oliver, Tim Mälzer, Nigella Lawson und all die anderen so genannten „Jungen Wilden" wie Popstars auf Tournee gehen und jeden Abend Zuschauern im Fernsehen zeigen, wie man brät, bäckt und brodelt, wirft die Generation Fast Food plötzlich mit Begriffen wie „Sautieren", „Amuse-Gueule" oder „Kaiseki" um sich. Wein, Kaffee, Schokolade – für alles gibt es Seminare, Verkostungen, besonders empfehlenswerte Anbaugebiete und Jahrgänge. Hobby-Gourmets investieren horrende Summen in japanische Messer, Creuset-Töpfe und Aga-Herde. Auf Partys werden Metzgernamen, Gewürzmischungen und Garmethoden gehandelt wie Insiderinformationen an der Börse.

Doch damit allein ist es nicht getan. Nur weil jemand duftende Hummerschaumsüppchen, exzellente Jakobsmuscheln und zartestes Kobe-Rind auftischt, sehen die Gesichter am Tisch noch nicht glücklich aus. Ein guter Gastgeber braucht nämlich mehr: ein wenig Feingefühl, einen vagen Plan und vor allem Freude. Ein Essen, das man nur gibt, um vielleicht den Chef zu beeindrucken, wird nie wirklich locker sein. Eine Party, auf der sich all die Pflicht-Gäste der letzten 24 Gegeneinladungen tummeln, kann kein Highlight werden.

Zwanglose Tipps

Grundsätzlich gilt: Laden Sie nur dann ein, wenn Sie entspannt sind, sich auf Ihre Gäste freuen können und in Stimmung für eine Party sind. Viele scheuen sich, Besuch zu empfangen, weil sie das Gefühl haben, alles würde schrecklich kompliziert und aufwändig, das Porzellan könnte nicht schön genug sein oder die Sauce misslingen. Aber das ist unwichtig. Was wirklich zählt, ist Ihre Herzlichkeit. Erinnern Sie sich einfach daran, dass früher simple Wurstbrote bei den Nachbarn auch immer besser geschmeckt haben als am elterlichen Tisch.

Alternativ mit Stil

Wenn Sie den Leberwurst-Gedanken im Hinterkopf behalten, werden Sie als Gastgeber viel lockerer sein. Verzweifeln Sie nicht, weil die Damast-Tischdecke ungebügelt im Wäschekeller liegt, sondern machen Sie mit ein paar Neon-Klebebändern eine simple Zeitung zur Unterlage für Ihr Dinner oder ersetzen Sie fehlende Schalen durch Kohlblätter. Malen Sie Blumen anstatt zum Floristen zu hetzen und nehmen Sie Basics aus der Speisekammer, bevor Sie mit Kunstschnee, Watte und Glitzerspray experimentieren. Verbinden Sie mit einem Faden eine ganze Gesellschaft. Denn ehrlich, was nützt es, wenn Sie zwar eine beeindruckende Tafel geschaffen haben, aber am Ende Ihrer Nerven Ihren Gästen gegenübersitzen?

Der Sinn eines gemeinsamen Abendessens oder einer Party ist das Zusammensein, da sind sich selbst sämtliche Lexika einig: Laut Brockhaus handelt es sich dabei um eine „zwanglose Geselligkeit", der Duden hält die Party für ein „geselliges Beisammensein" und bei Wahrig handelt es sich um eine „zwanglose Gesellschaft". Zwanglos – dieses Wort ist die Zauberformel für jeden Anlass. Egal, ob Hochzeit, Dinner oder ein Abend mit Freunden – Gäste und Gastgeber sollen sich wohlfühlen und so wenig mit Regeln, Etikette und anderen Steifheiten in Berührung kommen.

Einladen

Die Einladung beginnt tatsächlich mit dem Einladen. Für ein unkompliziertes Abendessen im Freundeskreis reicht eine E-Mail oder ein Telefonanruf eine Woche im Voraus. Bei größeren Partys (ab zehn Personen) oder förmlicheren Anlässen sollte man zwei Wochen vorher Bescheid geben. Hochzeiten und andere Groß-Events verlangen tatsächlich eine schriftliche Einladung, die mindestens einen Monat im Voraus erfolgen sollte.

Wie Sie diese Einladung gestalten, bleibt vollkommen Ihnen überlassen. Bei Postkarten oder Briefen sollten Sie den Platz aber auf jeden Fall nutzen, um Anlass, Datum und Uhrzeit, die vollständige Adresse plus Telefonnummer und gegebenenfalls den Dresscode zu notieren. Besonders nett ist es, wenn Sie das Thema des Abends bei der schriftlichen Einladung aufgreifen. Also beim Abend mit den Sandkastenkumpels vielleicht eine Retro-Wundertüte oder einen früheren Comic-Helden mitschicken, bei der Adventsparty den Brief um eine Zimtstange wickeln, zum Polterabend den Text auf eine Scherbe schreiben …

Zeitplan

Time ist für Gastgeber nicht Money, sondern Entspannung. Beim kleinen Get-Together reicht im Prinzip ein Tag Vorbereitung: Kaufen Sie ein, checken Sie, ob genug Wein und andere Getränke da sind, kochen Sie vor, was man gut einen Tag im Kühlschrank lagern kann (Antipasti, Eintöpfe, Suppen), ohne dass die Qualität leidet. Den Tisch sollten Sie so früh wie möglich decken, damit der Rahmen stimmt, wenn die Gäste kommen und kein Tellergeklapper und Besteckgesuche das Ambiente stört. Unsere Dekorationen sind zum Glück alle leicht Stunden vorher zu realisieren, weil sie weder welken noch zerfallen.

Große Feste brauchen mehr Vorbereitung, d.h. hier kann man vier Wochen vorher in die Planungsphase gehen. Legen Sie z.B. das Motto fest, überlegen Sie sich grob, was auf den Tisch kommen soll und verschicken Sie die Einladungen. Buchen Sie gegebenenfalls Personal, wenn Sie Freunde und Bekannte nicht als Helfer festnageln wollen. Drei Wochen vor der Party sollten Sie den Speiseplan und die Getränkeliste festlegen. 14 Tage im Voraus ist es Zeit, einen Check der Gästeliste mit Zu- und Absagen vorzunehmen, Geschirr, Besteck und Tischwäsche einer Bestandsaufnahme zu unterziehen und sich Gedanken um die Musik zu machen (siehe auch Ambiente). Rückt die Party in greifbare Nähe, wird es Zeit, eine detaillierte Einkaufsliste zu erstellen, exotische Zutaten vorzubestellen und alles, was lagerbar ist, ein Wochenende vor der Party zu horten. Noch drei Tage bis zum großen Fest? Jetzt geht es in die konkrete Vorbereitung: Kochen Sie vor, was vorzukochen ist und erinnern Sie Gäste, von denen Sie bis jetzt kein Feedback haben. Mit zwei Tagen in petto können Sie beginnen, Möbel umzustellen, eine Garderobe für die Gäste zu schaffen (besonders im Winter wichtig), zu dekorieren, Eis für Cocktails zu bestellen, damit Sie einen Tag später Getränke kühlen und sich ums Essen kümmern können. Die letzten Zutaten sollten Sie frisch kaufen und anrichten, kurz bevor die Gäste kommen.

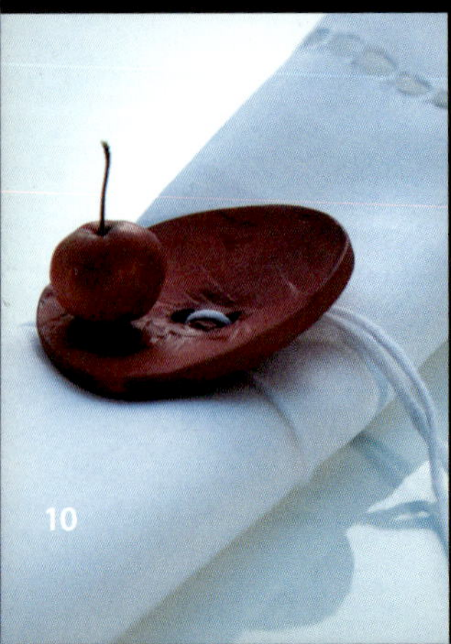

Tischordnung

Eine Tischordnung ist nett, muss aber nicht bei Gruppen bis zu zehn Personen sein, denn Leute, die sich etwas zu sagen haben, finden sich auch über ein paar Stühle hinweg. Im kleinen Kreis brauchen Sie sich also nur Gedanken um Tischkarten machen, wenn Sie unbedingt zwei Ihrer Gäste verkuppeln wollen – und dann sollten Sie die beiden auf jeden Fall einweihen.

Bei Events mit einem gesetzten Essen ab 20 Gästen ist eine Tischordnung aber auf jeden Fall hilfreich. Nur so können Sie steuern, dass nicht das frisch verliebte Paar neben dem tauben Erbonkel sitzt. Die Regeln laut Knigge dafür: „Verlobte sitzen immer, Ehepaare nie nebeneinander, es sei denn, es handelt sich um ein Essen aus Anlass einer runden Wiederkehr ihres Hochzeitstages. Nach Möglichkeit sollten Herren und Damen abwechselnd platziert werden, wobei der links neben der Dame sitzende Herr deren „Tischherr" ist und daher die Aufgabe hat, zwar nicht ausschließlich, aber bevorzugt um das Wohlergehen seiner „Tischdame" bemüht zu sein, sich mit ihr zu unterhalten, ihr den Stuhl zurechtzurücken usw. Wem das zu antiquiert erscheint, kann mittlerweile auch nach eigenem Ermessen seine Gäste platzieren, sollte aber vielleicht zumindest darauf achten, dass eine gleiche Anzahl von Männern und Frauen, Paaren und Singles in einer Gruppe zusammenkommen. Achten Sie dabei auf Ihr Bauchgefühl – wer könnte gemeinsame Interessen haben, wer könnte sich eher unsympathisch finden?

Menüs

Wer sein Menü mit seinen Gästen genießen möchte, sollte so viel wie möglich vorbereiten. Ein bis zwei Tage vor dem Event können Crèmes, Eis, Sorbets, Terrinen und Pasteten, Mürbeteig für Quiche sowie klare Suppen gekocht werden. Etwa ein bis zwei Stunden vor dem Essen ist es Zeit, Kartoffeln und Gemüse zu waschen, zu putzen und klein zu schneiden. Kalte Gerichte wie Käse, Räucherfisch oder Pasteten können dann auch schon fertig auf Platten angerichtet werden.

Damit die Gäste nach dem Essen nicht übersättigt und unkommunikativ am Tisch zusammenbrechen, rechnen Profis bei drei Gängen mit etwa 100 g Fisch oder 1/4 l Suppe, maximal 200 g Fleisch oder Geflügel plus 100 g Gemüse und 50 g Nudeln.

Oberster Grundsatz aus Sterne-Küchen ist, dass sich niemals Zutaten, Aromen, Zubereitungsarten und Farben in einem Menü wiederholen. Das heißt: Wenn als Vorspeise ein Salat mit Entenbrust serviert wird, sollte als Hauptgericht kein Geflügel aufgetischt werden. Serviert man als Vorspeise eine helle gebundene Suppe, dann muss das Hauptgericht von einer dunklen Sauce begleitet werden. Ausnahme: Das Menü variiert absichtlich eine bestimmte Farbe oder ein bestimmtes Lebensmittel. Behalten Sie bei allem im Kopf, dass Sie ebenfalls einen netten Abend haben sollten. Was nützt es also, mit komplizierter Molekularküche zu experimentieren, wenn Sie dabei komplett überfordert sind?

Musik

Dass Sie die Familienfeier zu Omas Achtzigstem nicht mit Death-Metal-Klängen beschallen, ist beinahe klar. Und trotzdem ist Musik so eine Sache. Haben Sie ein Motto für den Abend, bietet es sich natürlich an, das auch musikalisch aufzugreifen: Zum Winterabend Weihnachtslieder, zur Cocktail-Party im Garten etwas Chilliges, zum Retro-Abend die Hits aus der Dorfdisko von damals. Bei großen Events können Sie die Feinheiten getrost einem Profi überlassen (hören Sie sich bei Bekannten nach echtem Empfehlungen um, damit „Rudis rollende Disko" nicht mit Schlagermusik zur Lounge-Party auftrumpft). Bei „normalen" Feiern findet sich im Prinzip auch immer jemand, der gerne den Hobby-DJ gibt. In Zeiten von iPod und Co. können Sie aber auch vorher Playlisten erstellen, die den ganzen Abend über für die richtige Stimmung sorgen. Vergessen Sie nicht die Rausschmeißer-Songs für besonders hartnäckige Gäste zum Schluss einzubauen!

Improvisationstalente

Dieses Buch bietet keine Listen, keine To-dos, keine langen Menüvorschläge. Es soll nur dabei helfen, Einladungen den Schrecken zu nehmen. Improvisation statt Perfektion ist die Maxime! Der Spaß – und zwar sowohl für Gäste als auch Gastgeber – steht im Vordergrund. Ob bei einem romantischen Dinner zu zweit, beim Kaffee mit den besten Freundinnen oder bei großen Familienfeiern – die Zutaten für die Events sind günstig und leicht zu beschaffen, die Ideen schnell und unkompliziert umzusetzen. Statt dem kompletten Dibbern-Service hinterherzulaufen, können Sie mit ein paar Tricks auch sämtliche scheinbar unpassenden Geschirrteile zu einer Einheit kombinieren oder mit Hilfe von Farben oder Formen einen stimmigen Gesamteindruck kreieren. „Stress", „Vorbereitung", „Perfektionismus" – streichen Sie diese Vokabeln sofort aus Ihrem Wortschatz. Es geht nicht darum, mit üppigen Bouquets, dem guten Silber und Kochkünsten auf Sterneniveau zu beeindrucken, sondern darum, schöne Erinnerungen zu schaffen.

die leichtigkeit

GÖTTER, WEISHEIT, ENERGIE UND GEHEIMNISVOLLE DÜFTE – ASIEN
IST EIN KONTINENT FÜR ENTDECKER. FREUNDLICHE MENSCHEN, WUNDERSCHÖNE ORTE, KÖSTLICHES ESSEN – DIE BESTEN VORAUSSETZUNGEN FÜR EINEN GELUNGENEN ABEND MIT ASIATISCHER LEICHTIGKEIT.

Paula

MAGISCHE MOMENTE

Es gibt Reisen, bei denen man nicht nur Urlaub macht und sich entspannt. Sondern während denen sich etwas Grundlegendes ändert: die Sicht auf die Welt vielleicht, die Zufriedenheit mit sich selbst, eine neue innere Ruhe. Indien, Bhutan, Myanmar – das alles sind Ziele, die zwar tatsächlich Tausende Kilometer weit weg liegen, die aber vor allem einen Schritt näher zur eigenen Persönlichkeit bedeuten. Friede und Gelassenheit scheinen bestimmend für Mönche, Marktfrauen, Schulkinder gleichermaßen. Aber wer einmal bei einem Fest gesehen hat, wie ausgelassen gefeiert wird, ahnt, dass es tatsächlich Yin und Yang gibt. Zwei Seiten, die wunderbar miteinander harmonieren.

ZARTE BANDE

Im Prinzip kann man für ein romantisches Dinnerdate auch nur Essen beim Chinesen bestellen – solange man es nur richtig zelebriert. Frisch wie die Liebe damals und genauso einzigartig, filigran sollte die Dekoration sein. Weiß als Farbe, die für Neubeginn und Reinheit steht, schafft die perfekte Kulisse. Leuchtend rote, emotionsgelandene Akzente sind die ideale Ergänzung dazu: Äpfel, zarte Farnblätter oder natürliche Liebesperlen wie Pfefferkörner oder Cranberries, denen eine erotisierende Wirkung nachgesagt wird. Dazu hüllt ein Wollfaden wie eine Spinnwebe den Tisch und die Liebenden ein.

Wenn Blumen mehr als tausend Worte sagen, sind Äste fast prädestiniert für große Gesten. Mit Farblack angesprüht, lassen sie sich als mobiles Büfett nutzen, an dem für jeden Gast ein Paket aus Geschirr und Besteck hängt. Aber testen Sie vorher die Festigkeit der Wolle, damit aus dem Asia-Dinner kein Polterabend wird!

TIPP:

Zweige, die mit roter Farbe angemalt werden, erinnern an kostbare Korallen, an fantastische Unterwasser-Welten. Durch große rote Äste, die in Bodenvasen partiell im Raum verteilt werden, entsteht ein harmonisches Gesamtbild. Ein Ast neben der Eingangstür (oder der Schlafzimmertür) kann als eine Art stummer Diener fungieren, der am Ende des Abends kleine Überraschungspäckchen parat hält.

Ein Wollfaden knüpft Kontakte mit Glas und Porzellan, Essstäbchen werden zu Stricknadeln, die das Fantasiegebilde zusammenhalten, und rot angemalte Zweige gaukeln Korallenoptik vor.

TIPP:

Wollknäuel können als Stäbchenhalter fungieren oder Tischkarten ersetzen. Einfach an jedem Platz herunterbaumeln lassen, Stäbchen, Besteck oder ein gelochtes Namenskärtchen am Faden befestigen.

Hochstapler haben zu Unrecht einen schlechten Ruf. Kann man doch zum Beispiel einer Klemmleuchte, die sich für etwas Besseres hält, jede Menge abgewinnen. Platz zum Beispiel. Einfach an der Tischkante befestigen, den Schirm nach oben richten. Zusammen mit einem Buch wird ein schwebendes Tablett daraus.

Was aussieht wie eine Koralle, ist in Wirklichkeit ein Dornenstrauch, der erst in heißes Wachs getaucht und anschließend mit rotem Farblack besprüht wurde. Falls Ihr Florist so einen bizarren Zweig nicht besorgen kann, eignen sich auch dichte Zweige von heimischen Büschen für die Korallenverwandlung.

Je nach Saison kann man in kleine Schalen natürliche Liebesperlen füllen: roter Pfeffer, Preiselbeeren, Cranberrys … Auch Mini-Äpfel aus dem Blumenladen setzen Akzente, besonders, wenn sie wie Artisten auf einem Stück Miso-Teig auf dem Gläserrand balancieren.

Mit Essen spielt man nicht. Aber vom Besteck hat keiner was gesagt. Mit einem roten Wollfaden kunstvoll umwickeln, so dass auf dem Tisch nicht sofort klar wird, was Deko ist und was benutzt werden soll.

Es müssen nicht immer Blumen sein. Farnblätter mit rotem Lack angesprüht sind ebenfalls zarte Liebesbeweise, die sich zusätzlich als Tischset oder Platzdeckchen einsetzen lassen.

Formvollendete Asia-Päckchen: Als Verpackung für Gastgeschenke oder um Stäbchen, Servietten und Glückskekse für jeden Gast parat zu haben, sind Kartons vom chinesischen Take-away ideal. Falls Sie Schriften und Logos verdecken müssen: Einfach mit buntem Papier umwickeln oder mit Lack ansprühen.

Etageren passen nicht so recht zum Asia-Ambiente. Aber trotzdem kann man verschiedene Ebenen auf dem Tisch schaffen, indem man mit Ess-Stäbchen Nester baut. Dafür mindestens fünf Stäbchen wie ein Mikadospiel umeinanderwinden, in der Mitte mit einem Gummiband fixieren und die Enden auseinander fallenlassen. Stecken Sie einen kahlen Zweig dazu, der dem Gebilde etwas Filigranes verleiht.

Körbchen aus Reispapier sind eine Alternative zu herkömmlichen Schalen. Die Blätter dafür anfeuchten und weich werden lassen, dann über eine Schale, Backförmchen oder Tasse legen und trocknen. Vorsichtig ablösen und mit trockenen (!) Snacks und Knabbereien füllen.

Asiatische Frühlingslauchsuppe mit Wan Tan

Rezept für 4 Personen

250 g	*Putenfleisch*	*Das Putenfleisch durch die grobe Scheibe des Fleischwolfs drehen.*
3	*Frühlingslauchstangen*	*Den Frühlingslauch, das Zitronengras, Kaffir-Limonenblätter, Ingwer, Limonenschale, Korianderblätter und die Knoblauchzehe grob schneiden.*
1	*Zitronengrasstange*	*Mit Salz würzen und unter die Masse Eiweiß und eine Handvoll Eiswürfel geben.*
2 Stck.	*Kaffir-Limonenblätter*	
10 g	*Ingwer*	*Den Kläransatz in die Geflügelbrühe gießen und unter ständigem Rühren vorsichtig erhitzen, 1 × aufkochen lassen und dann bei kleiner Flamme für ca. 30 Minuten ziehen lassen.*
	abgeriebene Schale von	*Die Brühe nun durch ein feines Tuch passieren und auf die Hälfte einkochen lassen.*
1	*Limone (unbehandelt)*	
0,5 Bund	*Koriander*	
1	*Knoblauchzehe*	
	Salz	
3	*Eiweiß*	
2 l	*Geflügelbrühe*	

Einlage:

100 g	*Sojasprossen*	*Die Sojasprossen putzen. Die entkernten Chilischoten und den jungen Lauch in Ringe schneiden.*
2	*rote Chilischoten ohne Kerne*	*Alle Zutaten in der reduzierten Frühlingslauchsuppe ca. 10 Minuten ziehen lassen und mit den gefüllten Wan Tan Teigtaschen servieren.*
4 kl.	*junge Lauchstangen*	

Wan Tan:

200 g	*Geflügelfleisch*	*Das Geflügelfleisch fein würfeln und mit den restlichen Zutaten vermengen.*
1 EL	*Mu-Err Pilze, fein gehackt*	*Mit Salz und gemahlenem Knoblauch abschmecken.*
1 EL	*Chili, gehackt*	
1 EL	*Korianderblatt, gehackt*	*Die Wan Tan-Blätter auf ein Arbeitsbrett legen, mit dem verquirlten Eiweiß bestreichen. Die Masse darauf verteilen und diagonal verschließen. Die Ränder fest andrücken.*
1	*Frühlingslauchstange, in Ringe geschnitten*	
	Salz	*Die gefüllten Wan Tan in Salzwasser oder Brühe langsam garen.*
	Knoblauch	
8	*Wan Tan-Blätter*	
1	*Eiweiß zum Bestreichen*	

Simone

poltergeist

ES RUMPELT, KLIRRT UND SCHEPPERT – UND KÖNNTE EINEN BEUNRUHIGEN, WENN MAN NICHT WÜSSTE, DASS KEIN GEIST SONDERN DER ANFANG EINER STRAHLENDEN ZUKUNFT DAMIT VERBUNDEN IST. DENN AN HOCHZEIT UND POLTERABEND SOLL DAS BÖSE FÜR IMMER VERTRIEBEN WERDEN.

SCHERBEN BRINGEN GLÜCK

Während Hochzeiten monatelang geplant werden, Dekorationen bestellt, Menüs Probe gegessen und Gästelisten nebst Sitzordnungen immer wieder variiert werden, sind Polterabende die fröhlichen Feiern, denen etwas Provisorisches anhaftet. Verwandte, Nachbarn, Freunde, sie alle erscheinen ohne Einladung, um Porzellan zu werfen und die bösen Geister zu vertreiben. Denn Scherben bringen Glück, auch wenn das Sprichwort völlig falsch interpretiert ist. Denn eigentlich steht das Wort aus dem Töpfereijargon für alle irdenen Gefäße, die – gut gefüllt – einen glücklich (oder zumindest satt) über den Winter bringen. Aber das tut dem Spaß am Zerstören meist keinen Abbruch – und das Paar hofft, dass nach all dem zusammengefegten Bruch nie wieder etwas zwischen ihnen kaputt geht.

Für die einen sind Polterabende so etwas wie Sperrmüll, wo sie tatsächlich allen zerbrechlichen Nippes einmal loswerden können, aber leider landet auch das gute Meissen-Service auf der Türschwelle, weil die ignorante Verwandtschaft keine Ahnung hat, was sie für Schätze hat. Wem dabei das Herz blutet, kann zerbrochene Schalen noch für das Büfett retten. Einfach mit buntem Klebeband zusammensetzen. Da macht es auch gar nichts, wenn nicht mehr alle Teile auffindbar sind, solange die scharfen Kannten ebenfalls umklebt werden. Damit die Tafel trotzdem einheitlich wirkt, auch ein paar heile Stücke zum Schein mit dem Band verzieren. Weiß als vorherrschende Farbe schafft zusätzlich einen klassischen, festlichen Rahmen, der auch leicht mit Materialien wie Reis, Blütenblättern und Papiersets zu kombinieren ist.

Eine Hochzeit ist mit Symbolen überfrachtet. Wer lieber auf weiße Friedenstauben, blaue Strumpfbänder und geliehene Kronjuwelen verzichtet, sollte zumindest in Sachen Glücksbringer bei der Tischdeko aus dem Vollen schöpfen: mit Reis als Zeichen für Fruchtbarkeit, Scherben (an den Kanten mit buntem Klebeband sicher gemacht) und einem Papierhaus als Symbol für ein trautes Heim.

TIPP:

Weiß ist die Farbe der Reinheit – und traditionell DIE vorherrschende Farbe bei Hochzeiten. Das Beste daran: Damit lassen sich alle anderen Töne kombinieren, ganz nach Geschmack und persönlichen Vorlieben. Grau als Konterpart dazu mutet zum Beispiel avantgardistisch an, mit rosa Accessoires wird das Styling mädchenhaft romantisch, in Kombination mit Türkis-Tönen entsteht eher eine Atmosphäre, die an Südsee erinnert …

Scheppernde Dosen am Auto für die Flitterwochen sind eine ur-amerikanische Tradition. Die stille Variante: Blechdosen, Kaffeeservice, Kuchengabel und ein „Just married"-Schild aus Schiefer an jedem Stuhl für die Gäste befestigen. In die ausgespülten Dosen lassen sich auch einzelne Blumen oder die typischen Hochzeitsmandeln füllen.

Zarte Bande standen am Anfang für jedes Paar, das sich jetzt das Ja-Wort gibt. Diese magische Verliebtheit, die vorsichtige Annäherung lässt sich auf dem Tisch leicht mit weißen Wollfäden symbolisieren, die einfach locker als eine Art Set auf die Tafel fallen gelassen werden.

Liebe lieber ungewöhnlich: Konventionen, Traditionen und Werte sind bei Hochzeiten genug vorhanden. Da tut ein kleines bisschen Revolution zwischendurch ganz gut. Lassen Sie Menükarten außergewöhnlich setzen, trennen Sie Worte, ohne auf Silben zu achten, verwenden Sie Spiegelschrift … Brav können Sie ja wieder beim Gebäck werden – und Puderzuckerherzen darauf malen.

Ichwi
ll

Wer viele Gäste einlädt, hat meistens ein Problem: Platz. Also leiht man Tische, die wiederum alle nicht zueinander passen, und einheitliche Tischdecken sind auch nicht vorhanden. Tapetenrollen schaffen Abhilfe! Extravagante Muster oder sogar mit eigenen Motiven bedruckte Rollen gibt es selbst für die längste Tafel. Nelkengirlanden symbolisieren das Band der Liebe, Zucker als Kerzenhalter die Süße des Lebens.

Kalte Gurkensuppe mit Schrimps

Rezept für 4 Personen

2	*Salatgurken*
50 g	*Joghurt*
50 g	*Crème fraîche*
	Salz
	Chili aus der Gewürzmühle
5	*Eiswürfel*
	Saft von
1	*Limette*
200 g	*Schrimps*
150 ml	*Kokosmilch*
	Saft von
0,5	*Limette*
1	*Knoblauchzehe, fein gewürfelt*
	Salz, Pfeffer
2	*Kaffir-Limonenblätter, fein gehackt*
	Koriander für die Garnitur

Eine Gurke schälen und zusammen mit der zweiten Gurke in grobe Stücke schneiden.

Joghurt und Crème fraîche zusammen mit den Gurkenstücken, Salz, Chili aus der Gewürzmühle, Eiswürfeln und Limettensaft in einen Standmixer geben, aufmixen und in einer Schüssel auf Eis kaltstellen.

Die Schrimps zusammen mit Kokosmilch, Limettensaft und Knoblauch in eine Schüssel geben, mit Salz, Pfeffer und Kaffir-Limonenblättern vermischen und 30 Minuten ziehen lassen.

Die kalte Gurkensuppe in gekühlte Teller geben, Schrimps in die Mitte geben und mit etwas frischem Koriander garnieren.

wahlverwandtschaft

FAMILIENFESTE SIND SO EINE SACHE: ES GIBT HOHE ERWARTUNGEN, JEDE MENGE ZÜNDSTOFF UND SO VIELE EIGENARTEN WIE GENERATIONEN. TROTZDEM SIND DIESE FEIERN SCHÖN, WEIL WIR BEI IHNEN EIN STÜCK GESCHICHTE, NÄMLICH UNSERE GANZ PERSÖNLICHE, LIVE ERLEBEN.

Die Worte „Verpflichtung“ und „Verflechtung“ klingen nicht nur ähnlich, sie sind auch oberstes Prinzip für Familienfeiern. Deshalb greifen Sie das Thema auf und verbinden Sie, was nicht vereinbar scheint für diesen Event. Der rote Faden (in unserem Fall ist er blau) ist ein echtes Band und wird selbst um Säulen, Türen oder Gastgeschenke gewunden.

FAMILIENBANDE

Wurde man als Kind zu Tante Inges 70. Geburtstag geschleift, hielt sich die Begeisterung in Grenzen. Bedeutete so eine Feier doch vor allem, still am Tisch zu sitzen, quasi fremde Anverwandte küssen zu müssen und im Zweifelsfall noch unter Beweis zu stellen, dass die Klavierstunden vielleicht doch eine Fehlinvestition waren. Zum Glück gab es meistens einen Onkel, der Schabernack mit einem trieb, ein paar Geschichten, die die eigenen Eltern als auch nicht überperfekt entlarvten und eine Oma, die sich auf leise Spiele am Tisch verstand. Irgendwann lernte man diese Zusammentreffen dann doch zu schätzen: Aus den üblichen „Bist du aber groß geworden"-Sätzen wurden Gespräche, aus den alten Tanten interessante Zeitzeugen, aus nahezu unbekannten Großcousins plötzlich coole Männer mit amüsanten Freundinnen im Schlepptau. Denn egal, wie merkwürdig sich Verwandte manchmal auch verhalten, sie kennen uns von klein auf, mit all unseren Macken und in sämtlichen Entwicklungsstufen. Und wir sie eben auch. Keiner muss oder kann etwas verbergen – und das macht Familientreffen zu entspannten Zusammentreffen. Zumindest, solange die Dosis stimmt.

VERFLECHTUNGEN

Ur-Opa, Oma, Tante, Neffen – wo viele Generationen an einem Tisch sitzen, ist es nicht leicht, den Geschmack von jedem zu treffen. Warum nicht also mixen? Spitzendecke trifft auf Friesenmuster, Retro-Geschirr auf Avantgarde-Gläser, Familien-silber auf Styroporverpackung. Zusammenhalt bekommt die Kombination aus Tradition und Moderne durch konsequente Farbgebung: Weiß-Blau zum Beispiel für hanseatische Familien, rustikales rot-weiß beim Familientreffen in den Bergen oder Gold-Rot für die Asien-Fans. Wer selbst in Omas Aussteuer-Truhe kein passendes Tischtuch für die große Tafel findet, kann einfach mehrere Läufer mit Satinband provisorisch zusammenweben und darauf all die Erbstücke platzieren, die vielleicht nicht hundertprozentig zueinander passen, aber an die viele Familiengeschichten geknüpft sind …

Statt eine große Tischdecke aufzulegen, verknüpfen Sie verschiedene Tischläufer aus unterschiedlichen Materialien miteinander und zwar so, dass die Läufer immer an den Außenkanten der Tafel liegen. Greifen Sie beim verbindenden Faden die Farbe des Geschirrs wieder auf – und verwenden Sie für ein ruhigeres Bild nicht mehr als zwei Töne.

Ob Kaffeeklatsch, Familienfest, Romantik-Dinner oder einfach nur zum Frühstück: Mit Keksausstechern lässt sich jedes Toast in eine liebevolle Botschaft umwandeln. Kreieren Sie Herzen als Liebesbrief-Ersatz, stechen Sie Ringe für den Heiratsantrag aus oder legen Sie Ihren Gästen Sterne fast zu Fußen.

TIPP:

Die Ausstecher selbst können auch als Platzkartenhalter fungieren, indem Sie mit Silberdraht Namenskärtchen daran befestigen, und als Gastgeschenk mit nach Hause genommen werden.

Damit Tante Inge und Opa Heinz auch wissen, wo sie sitzen sollen, bekommen die Herrschaften köstliche Platzkarten. Einfach Muffins oder Eclairs in so genanntes „Plastic Canvas", einem Stoff aus dem Stickereibedarf, einwickeln und mit groben Stichen die Initialen oder Namen drauf sticken.

Das Etageren-Prinzip, das sich für jede Party zusammenbauen lässt, um verschiedene Ebenen auf dem Tisch zu schaffen: Stapeln Sie Untertassen, Tassen und Weingläser, sodass praktische und innovative Flächen für Petit Fours, Zucker oder Knabbereien entstehen. Falls Ihnen die Konstruktion zu wackelig erscheint, sorgen Sie einfach mit ein wenig Kerzenwachs für Stand.

„Hamburger Gekochte“ im Knusperteig mit Schwarzwurzelschaum

Rezept für 4 Personen

2 Stück	„Hamburger Gekochte“ (geräucherte Mettwurst)	*Die Würste in ca. 1 cm dicke Scheiben schneiden.*
4 bis 6	Brickteigblätter	*Die Brickteigblätter halbieren, mit flüssiger Butter bestreichen, jeweils eine Scheibe Mettwurst darauf geben und einwickeln.*
3 EL	Butter	*Butterschmalz in einer Pfanne erhitzen, die eingepackten Wustscheiben darin von allen Seiten vorsichtig anbraten, auf Küchenpapier abtropfen lassen und im Ofen warm stellen. Die Päckchen mit Salz würzen.*
2 EL	Butterschmalz	

Schwarzwurzelschaum:

400 g	Schwarzwurzeln	*Die Schwarzwurzeln gründlich waschen, schälen (Tipp: mit Handschuhen) und anschließend in Milch legen, damit sie nicht braun werden.*
2	Schalotten, fein gewürfelt	
1 EL	Butter	
50 ml	weißer Portwein	*Die geschälten Schwarzwurzeln würfeln und zusammen mit den Schalotten in der Butter anschwitzen. Mit Portwein ablöschen, Geflügelfond und Sahne zugeben und solange köcheln lassen, bis die Schwarzwurzeln weich sind.*
200 ml	Geflügelfond	
150 ml	Sahne	
	Salz, Pfeffer	
	Chili aus der Gewürzmühle	*Alles in einen Glasmixer geben, fein pürieren und durch ein Sieb passieren. Mit Salz, Pfeffer, Chili und Zitronensaft abschmecken, kalte Butter und geschlagene Sahne zugeben und mit einem Stabmixer schaumig aufmixen.*
	Saft von	
1	Zitrone	
2 EL	kalte Butter	
2 EL	geschlagene Sahne	*Die Wurstpäckchen auf einer Platte anrichten, mit dem Schwarzwurzelschaum servieren und mit Kerbel garnieren.*
	Kerbel für die Garnitur	

ZELT, KAMEL, WASSERSCHLAUCH, LAGERFEUER – VIEL MEHR BRAUCHEN DIE TUAREG NICHT, UM IN DER WÜSTE GUT ZU ÜBERLEBEN. WAS WIR VON DEN WÜSTENSÖHNEN LERNEN KÖNNEN?

moderne nomaden

DASS MAN MIT WENIG MITTELN SCHNELL EINE ATMOSPHÄRE VOLLER GASTFREUNDSCHAFT SCHAFFEN KANN.

BLÄTTERWALD
Ein Dschungel in Schwaben:
HELMUT SCHINDLBECK komponiert in seinem
SCHATTENGARTEN hunderte
Stauden zu einer SINFONIE IN GRÜN

DAS EINFACHE GLÜCK

Wenn über den Dünen der Sahara die Sonne untergeht, die Luft langsam kälter wird und die Kamele müde vom stundenlangen Marsch durch den Sand allmählich ruhiger werden, glimmen plötzlich vor den Zelten Holzfeuer auf. Es ist Zeit für eine Kanne grünen Tee und Aschebrot. Eine einfache Mahlzeit, mit der jeder Gast der Tuareg bewirtet wird. Die Zeremonie ist dabei ein wichtiger Teil des Zusammenseins. Ob morgens zum Aufwärmen nach einer kalten Nacht, mittags gegen die Saharahitze oder abends zum Tagesausklang – immer gehören drei Gläser Tee dazu. „Das erste Glas bitter wie der Tod, das zweite durchwachsen wie das Leben, das dritte süß wie die Liebe", lautet das zugehörige Sprichwort. Das Brot – bestehend aus nichts als Mehl, Wasser und einer Prise Salz – wird im Sand gebacken. Ohne Grillrost, Backform oder sonstigen Schnickschnack. Aber wenn die Männer mit den blauen Turbanen dann im Kreis beieinandersitzen, sich Geschichten unter dem unendlichen Sternenhimmel erzählen und in den Teigfladen hineinbeißen, sehen sie aus, als hätten sie nie etwas Schöneres erlebt.

WENIGER IST MEHR

Auch wenn es in der Sahara nicht viel gibt, eines ist im Überfluss vorhanden: Platz. Reichlich Raum, um aus wenig viel zu machen. Nehmen Sie sich die Tuareg als Vorbild, wenn Sie im vermeintlichen Nichts sitzen, gerade umgezogen sind, auf neue Möbel warten oder schlicht und ergreifend einen leeren Raum für einen Abend gemietet haben. Denn: Provisorien haben einen ganz eigenen Charme, der dem Zusammensein eine besondere Dynamik verleihen kann. Aus simplen alten Zeitungen lassen sich nämlich zum Beispiel nicht nur coole Tischdecken, sondern auch stylische Hocker machen, aus Briefumschlägen können Begrüßungs-Sets inklusive Appetizer werden und aus kahlen Böden echte Design-Planken. Und wer weiß, vielleicht wird aus einer dieser Not-Ideen sogar etwas, dass man ewig liebt.

Auf den Kopf gestellt

Ein Picknick bringt einen Hauch von märchenhaftem Abenteuer in die eigenen vier Wände. Eine große Filzdecke ausbreiten, Sitzkissen darum herum drapieren. Geschirr-Sets für jeden Gast mit Zeitungspapier umwickeln und mit Kreuzgummis fixieren, damit keiner fragen muss: „Wer hat von meinem Tellerchen gegessen?"

Sandwiches sind die Klassiker unter den schnellen, varianten-reichen Snacks. Statt sie jedoch auf großen Platten zu präsentieren, wickeln Sie die modernen Stullen einfach in so genanntes „Plastic Canvas". Diese Stoffe aus dem Stickereibedarf sind günstig und lassen sich immer wieder verwenden. Auch für Kindergeburtstage ist diese Teller-Alternative ideal.

TIPP:

Eine Alternative zu Buchstaben auf dem Fußboden sind so genannte Wand-Tattoos, also selbstklebende Bilder, Comics oder Muster. Damit lassen sich verblüffende Effekte kreieren, z. B. können Sie ein stilisiertes Kaminfeuer auf den Boden legen – und damit die Perspektive des Raumes verändern – ganz nach dem Vorbild der Boutique von Victor & Rolf in Mailand.

Nicht genug Sitzplätze? Zeitungsstapel mit Schnur fixieren, Filz darüber legen – und im Handumdrehen sind lässige Hocker fertig. Für Loft-Atmosphäre sorgen Klebebuchstaben auf dem Fußboden, die je nach Partymotto oder Stimmung ausgewechselt werden können. Und keine Angst, die Folien-Messages vom Schriftmacher lassen sich auch vom edlen Parkett wieder leicht entfernen!

Der Immobilien-Teil der Zeitung ist die ideale Tischdecke bei Umzugspartys. Schneiden Sie opulente Gläserformen aus dem Papier aus und hinterlegen Sie sie – falls der Tisch darunter farblos ist – mit buntem Papier. Statt der silbernen Kandelaber, die wahrscheinlich in den Tiefen eines Kartons stecken, können Sie auch schlichte Löffel als stilvolle Kerzenhalter umfunktionieren.

Spontane Feste haben einen Nachteil: Man verliert den Überblick, was fehlt und was bereits vorbereitet ist. Unser Vorschlag: Drücken Sie jedem Gast einen großen Umschlag in die Hand mit Dingen, die er garantiert an diesem Abend braucht: Besteck, Pistazien oder Cracker als Appetizer, grobes Meersalz oder andere Gewürze zum Nachwürzen und ein paar Blütenblätter, damit er seinen Sitzplatz selbst nett dekorieren kann.

Oase oder Fata Morgana? Die perfekt aufeinander abgestimmten grünen Vasen sind reine Attrappen. Einfach eine Vasenform auf einer Zeitschriftenseite aufmalen und am „Boden" eine Lasche zugeben, ausschneiden, die Lasche nach hinten klappen und das ganze Gebilde vor ein simples Wasserglas stellen. Oder ganz unterschiedliche Gefäße mit Papier umwickeln, damit sie farblich zueinander passen.

Für frische Blumensträuße wurde die Zeit zu knapp? Ein mit Papierstreifen dekorierter Zweig ist ebenso schön. Oder lassen Sie Ihre Gäste ihre Wünsche auf kleine Zettel schreiben. Kreativere können natürlich auch aus Seidenpapier kleine Blüten formen … Eine wiederverwendbare Alternative zur Zeitungspapier-Tischdecke sind Overhead-Folien, auf die Sie entweder Artikel oder Fotos drucken können.

Backhendl vom Stubenküken auf steirischem Kartoffel-Gurken-Salat

Rezept für 4 Personen

Stubenküken:

2	*Stubenküken*
2	*Eier*
1 EL	*geschlagene Sahne*
	Salz, Pfeffer
90 g	*Mehl*
150 g	*Semmelbrösel*
300 g	*Butterschmalz*

Die Keulen der Stubenküken vom Körper lösen und die unteren Knochen entfernen. Die Beinknochen dran lassen. Die Brüste von den Karkassen lösen, die Flügelknochen dran lassen.

Die Eier verquirlen und die geschlagene Sahne unterheben.
Die Kükenteile mit Salz und Pfeffer würzen, in Mehl wenden, durch das Ei-Sahne-Gemisch ziehen und mit den Semmelbröseln panieren. Anschließend in Butterschmalz goldgelb ausbacken und auf Küchenpapier abtropfen lassen.

Kartoffel-Gurken-Salat:

600 g	*Salatkartoffeln, gekocht*
1	*Salatgurke*
2 EL	*Speck, fein gewürfelt*
3 EL	*Schalottenwürfel*
1 EL	*Butter*
7 EL	*Balsamico bianco*
200 ml	*Fleischbrühe*
1 EL	*Senf*
	Salz, Pfeffer
6 EL	*Pflanzenöl*
4 EL	*Kürbiskernöl*
	Blattpetersilie für die Garnitur
4	*Zitronenscheiben*

Die Kartoffeln lauwarm schälen und und gut auskühlen lassen, dann in gleichmäßige Scheiben schneiden.

Die Gurke schälen, der Länge nach halbieren und mit einem Löffel das Kerngehäuse herauskratzen. In 3 mm dicke Scheiben schneiden und zu den Kartoffeln geben.

Speck und Schalotten in zerlassener Butter anschwitzen. Mit dem Essig ablöschen und mit der Brühe auffüllen, etwas einkochen lassen. Den Senf einrühren und mit Salz und Pfeffer würzen. Die heiße Marinade und das Pflanzenöl auf die Kartoffel-Gurken-Scheiben geben, gut durchmischen und 30 Minuten ziehen lassen.

Den Salat auf Tellern anrichten und je 1 Esslöffel Kürbiskernöl pro Teller darüber verteilen. Auf den Salat nun je eine Stubenkükenbrust und -keule anrichten und mit Blattpetersilie und Zitronenscheiben garnieren.

bunt fürs leben

UNSERE ERSTEN PARTYS WAREN SIMPEL: ES GAB PAPIERSERVIETTEN, NEGERKÜSSE UND ZUR UNTERHALTUNG EINGEWICKELTE SCHOKOLADE. UND TROTZDEM SIND WIR SPÄTER NIE WIEDER SO SELIG NACH EINER FEIER NACH HAUSE GEGANGEN WIE NACH KINDERGEBURTSTAGEN. GRUND GENUG, DIE FRÖHLICHKEIT UND UNGEZWUNGENHEIT HEUTE WIEDERAUFLEBEN ZU LASSEN.

Es muss nicht immer Kaffee sein. In Pappbechern aus dem Coffee Shop können Sie auch Wackelpudding, Cocktails oder Kekse servieren. Damit sie cooler aussehen, einfach mit Ausrissen aus den Lieblingscomics bekleben, ein Namensschild für jeden Gast aus Neon-Klebestreifen dranhängen, fertig! Weil es unter alten Freunden meist hoch hergeht, statt Tischdecken lieber kunterbunte Klebefolien in unterschiedlichen Designs auf dem Tisch befestigen.

VOM CHARME DER VERGANGENHEIT

Die Leichtigkeit von Kindergeburtstagen ist etwas, das vielen Partys heute fehlt. Wir hatten damals fantastische Nachmittage mit ein paar Gästen, die wir wirklich mochten und die nichts weiter wollten als Kakao, Kuchen und Schokoladeessen. Der Charme dieser Events lag im Provisorischen. Es gab weder gestärkte Servietten noch Tischdecken, keine Sitzordnungen geschweige denn einen Dresscode. Nein, wir hatten einfach Spaß. Das Tütchen mit Trophäen vom Topfschlagen in der Hand, war der letzte Gedanke vor dem Einschlafen ein „Schön!" Wir brauchen keine aufwändigen Zeremonien und Dekoration, um einen schönen Abend oder einen erfüllten Nachmittag zu erleben, bei dem wir die Ungezwungenheit unserer ersten Partys wiederaufleben lassen. Ein Treffen unter dem Motto „Weißt du noch …" versammelt einfach alte Freunde und langjährige Wegbegleiter an einem Tisch, ohne dass viel Zeit für Vorbereitungen investiert werden muss. Und: Je ungezwungener der Rahmen, desto freier fühlen sich auch die Gäste.

SCHÄTZE NEU ENTDECKEN

Bei der Tischdeko lebt der Charme der Vergangenheit auf und die Helden unserer Kindheit helfen dabei, z. B. als Collage aus Spiderman-Comics oder Kinderbuch-Covern, die die Tischdecke ersetzt. Einfach die Seiten aus einem Cartoon heraustrennen oder Buchtitel in Farbe fotokopieren und mit knallbuntem Klebeband auf die optimale Größe zusammensetzen. Auch effektvoll: Matchbox-Autos oder Playmobil-Figuren als Tischkartenhalter. Es darf, nein, muss sogar bunt sein, um den fröhlichen Charakter von damals zu beschwören. Zutaten gibt es in jedem Spielzeuggeschäft, Kinderzimmer oder den vergessenen Kisten im Keller …

TIPP:

Der Brauch, an Kindergeburtstagen kleine Gastgeschenke zum Abschied zu verteilen, lässt sich am Abend der Erinnerungen fortsetzen: eine Schachtel bunte Macarons von Ladurée, eine Tüte mit Marshmellows, Schokoladentäfelchen oder Pralinen sind Give-aways, die noch ein wenig länger an einen fröhlichen Abend erinnern.

Ist es eine Tischdecke oder ein Cartoon? Messerbank oder Gummiband? Brötchen oder Dekoturm? Macht der Mistelzweig die Bowle zum Zaubertrank? Je mehr die Gäste am Tisch rätseln können, desto schneller entwickeln sich Gespräche.

Negerkuss-Schlachten gehörten zu jedem guten Kindergeburtstag. Extravaganter sehen sie aus, wenn man sie mit Zuckerschrift (gibt es im Back-Regal im Supermarkt) verziert. Blumen und Sonnen sind einfache Motive, Profis mit ruhiger Hand können auch Comic-Figuren malen.

ENDLICH DAHEIM!
SCHAHUTAS! ATTAGGEE!
PAFF!
BIST DU AUCH ALS KLEINES KIND REIN-GEPLUMPST?
NA, SO WAS!
MAGST DU WILDSCHWEIN?
HUBA!
DIE SPINNEN, DIE ENTENHAUSENER!
DIE SIND HIER! SAG ALLEN, DASS SIE RASCH KOMMEN SOLLEN.
BEIM TEUTATES, ICH HAB IMMER NOCH KEIN GESCHENK!
IN EINER WELT, IN DER ALLES SCHNELL GEHT, FINDET MAN RASCH EINE LÖSUNG.
KEINE SORGE, OBELIX, IN EINER MINUTE SIND WIR DA.
SCHAUT! DA BRENNT EINER DURCH!
HURRA!
OH!
EINE BOMBEN-STIMMUNG!
UND MICH ERST!
HUGH, MEIN BRUDER!
FREUT MICH, DICH ZU SEHEN!
DER SPINNT, DER DEKURIO!
NEIN!

TIPP:

Statt der Comicseiten lassen sich ganz einfach Sets zuschneiden. Sets erinnern an Seifenblasen, wenn sie rund sind. Einfach aus Filz, Wachstuch oder Kunstpelz Kreise in verschiedenen Größen ausschneiden.

Spiderman, Donald Duck, Fix und Foxy oder Biene Maja: Wer auch immer früher bei uns hoch im Kurs stand, kommt bei einem Revival-Abend zu neuen Ehren. Einfach die Seiten aus einem Heft heraustrennen und entweder als einzelne Sets verwenden oder mit Neon-Kleberolle (gleichzeitig übrigens prima Platzkärtchen) zu einem extravaganten Tischtuch verbasteln.

Muffins heißen in Amerika Cup-Cakes. Was also liegt näher, sie auch in Bechern zu servieren? Damit die dem Comic-Thema entsprechen, entweder Cartoons aufkleben oder mit bunten Klebestreifen ein eigenes Design entwerfen. Für jeden Gast einen Helden von damals ausschneiden und als Platzkarte verwenden.

Ob Macarons, Muffins oder Negerküsse: Mit Zuckerschrift verziert werden sie zu Namenskarten oder besonderer Deko, in Cartoons gewickelt köstliche Give-aways.

Wackelpudding war bei Kindergeburtstagen früher das süße Finale-Highlight nach Pommes, Cola und Wiener Würstchen. Für die erwachsene Variante am Abend können Sie ihn auch mit Wodka anreichern – und Sprechblasen an die Plastikbecher kleben, damit sich jeder nach dem Wackel-Drink zumindest noch an seinen Namen erinnert.

Warum nicht das Essen Zirkus spielen lassen? Seiltanzende Macarons oder eine Pyramide aus Petits Fours liefern eine grandiose Show auf dem Tisch. Auch Bagel, Baguette und Krapfen sind begabte Artisten, die man auf Strohhalmen aufgespießt zu waghalsigen Türmen aufstellen kann.

Träume sind ein Teil der Kindheit. Rennfahrer oder Krankenschwester wollten wir werden. Und auch ganz alltägliche Dinge haben Ambitionen: Ein Zwiebel-netz macht als Brotkorb keine schlechte Figur, Strohhalme sind als Stütze für Kuchen oder Donuts geeignet und selbst alte Plüschbären, Puppen oder Sammelfiguren sind auf dem Tisch als Farbgeber willkommen.

Geeister Melonenjoghurt mit knusprig gebackenen Beerenröllchen

Rezept für 4 Personen

1	reife Charentais-Melone
40 g	Zucker
	Mark von
1	Vanilleschote
	Saft von
2	Limonen
	abgeriebene Schale von
1	Limone (unbehandelt)
60 ml	weißer Portwein
3 Blatt	Gelatine, in kaltem Wasser eingeweicht
400 g	Joghurt
	Mark von
1	Vanilleschote
40 g	Puderzucker
3 Blatt	Gelatine, in kaltem Wasser eingeweicht

Die Melonen schälen, halbieren und die Kerne entfernen. Das Fruchtfleisch mit Zucker, Vanillemark, Limonensaft und -schale in einem Mixer pürieren.

Den Portwein erwärmen. Die Gelatine gut ausdrücken, in den warmen Portwein geben, mit einem Schneebesen verrühren, mit dem Melonensüppchen mischen und mindestens 1 Stunde kühl stellen.

1/3 des Joghurt in einem Topf leicht erwärmen, Vanillemark und Puderzucker zufügen. Eingeweichte Gelatine ausdrücken, unter den Joghurt rühren, mit dem restlichen Joghurt gut vermischen, in Gläser füllen und kühl stellen.

Beerenröllchen:

150 g	Magerquark
1 EL	Vanillezucker de Tahiti
1	Eigelb
	abgeriebene Schale von
1	Zitrone (unbehandelt)
2 EL	Semmelbrösel
6	Frühlingsrollenblätter (Asialaden)
1	Eiweiß, verquirlt
200 g	frische Heidel- oder Johannisbeeren
4,5 EL	Öl zum Frittieren
	Himbeeren für die Garnitur
	Minze für die Garnitur

Quark mit Vanillezucker, Eigelb, Zitronenschale und Semmelbröseln vermischen.

Die Ränder der Frühlingsrollenblätter mit etwas verquirltem Eiweiß bestreichen. Knapp unterhalb der Mitte etwas Quarkcrème länglich auf das Teigblatt geben. Beeren nebeneinander in den Quark drücken, den Teig zu Röllchen aufrollen und die Enden links und rechts fest zusammendrücken. Die Rollen müssen gut verschlossen sein.

Die Beerenröllchen in einer großen Pfanne in heißem Öl rundherum goldbraun und knusprig backen und auf Küchenpapier abtropfen lassen.

Das Melonensüppchen auf den gekühlten Joghurt in die Gläser füllen, mit Himbeeren und Minze garnieren und die gebackenen Beerenröllchen obenauf setzen.

AUS SCHWARZ WIRD WEISS, AUS WEISS WIRD SCHWARZ. KEINE MAGIE, SONDERN EIN KLASSISCHER EFFEKT AUS DER FOTOKUNST, MIT DEM SCHON ANDY WARHOL EXPERIMENTIERTE. AUCH AUF DEM TELLER KANN MAN INVERTIEREN, ALTES NEU INTERPRETIEREN UND DIE GÄSTE EIN WENIG RÄTSELN LASSEN.

spurensuche

Gefüllte Paprika, das klingt immer ein wenig nach deftiger Hausmannskost. Ist es auch – aber man kann sie in der Light-Variante mit Wildreis füllen. Die Gourmet-Präsentation dazu: Dünne Paprikaringe schneiden ohne die Innenhäute zu entfernen, auf einen unifarbenen Teller legen, mit Paprikapulver (oder Cayennepfeffer, Chili) großflächig bestäuben, sodass eine Art Blumenmuster entsteht.

VERSUCHE UND VERSUCHUNG

Was bereits Warhol interessierte, versuchen heute Ferran Adrià, Juan Amador oder Heiko Antoniewicz in der modernen Küche: Sie experimentieren mit Methoden, um aus natürlichen, bekannten Zutaten etwas Außergewöhnliches zu schaffen. Da wird einem Stück Thunfisch mit einem „Ministaubsauger" sekundenschnell Räucheraroma eingeblasen, der Cocktail kommt in Stabform daher, scheinbar harmlose Erdbeerlutscher sorgen mit Krokant aus Sezchuan-Pfeffer für kleine Stromschläge im Mund und Schokolade wird in verschiedenen Texturen – mal pudrig, mal schaumig, außen fest, innen flüssig – präsentiert. Molekularküche nennt sich das und ist vielleicht die schrägste Innovation seit es Essen gibt. Dabei sind sich die Alchimisten am Herd einig, dass sie nicht um der bloßen Effekthascherei wegen mit Stickstoff, Siphon und fermentiertem Mais arbeiten. Ihnen geht es darum, neue Welten zu erschließen, in denen sich der Gast nicht auf sein Auge verlassen kann, sondern den Geschmack trainiert.

DAS AUGE ISST MIT

Ein paar Petersilienkrümel über den Salzkartoffeln – das hat vielleicht zu Wirtschaftswunderzeiten gereicht, um als Kunst des Anrichtens durchzugehen. Heute, wo Köche wie Alchimisten mit gefrorenem Schokopulver und explodierenden Litschi-Bonbons experimentieren, darf es ruhig ein wenig mehr Zauber auf dem Teller sein. Keine Panik, es gibt einen einfachen Trick, mit dem jeder Ikea-Teller zu höheren Weihen berufen wird. Greifen Sie eine Zutat, ein Gewürz aus dem Gericht, das Sie servieren auf, und kreieren Sie damit Negativ-Formen: Stäuben Sie zum Beispiel über Paprika-Ringe Paprikapulver, geben Sie Puderzucker über Tortendeckchen, Kakao über eine stilisierte Papierblume oder Chili über ein Messer – und nehmen Sie dann die jeweilige Form vorsichtig weg …

Spontan-Party nach Büroschluss? Überfall von zehn Kindergarten-kumpels Ihres Nachwuchses? Den Pokerabend vom Liebsten vergessen? Kein Problem! Rufen Sie einen Lieferservice an, kramen Sie Pappteller, Plastik- oder Holzbesteck vom letzten Picknick heraus – und machen Sie daraus mit Hilfe von Curry, Kurkuma oder was auch immer zum Essen passt ein Kunstwerk.

Trompe-l'œil par excellence: Wo fängt das Tortendeckchen an und wo hört es auf? Spitzenmuster oder perforierte Grafiken eignen sich hervorragend, um das Auge in die Irre zu führen. Entweder über der gesamten Tischlänge auslegen oder auch nur unter einzelnen Muffins, Keksen oder Tortenstückchen.

TIPP:

Im Prinzip können Sie alle Pulvervarianten zum „Malen" einsetzten. Achten Sie nur auf Kontraste – also je dunkler der Untergrund, desto heller der Puder. Ob Sie Kreise um Tee- oder Suppenschalen kreieren, Keksausstecher in allen möglichen Formen umstäuben oder selbst aus Papier Schablonen anfertigen – Ihrer Fantasie sind keine Grenzen gesetzt. Wichtig ist nur, dass Sie die Vorlagen behutsam entfernen, z. B. Papier mit angefeuchteten Fingern, Gemüse mit Hilfe einer Gabel oder Spitzendecken an vorher angeknoteten Fäden.

1904 wurde der Teebeutel der Legende nach zufällig erfunden, beinahe 50 Jahre später kam er aber erst zu Ruhm und ausgereifter Perfektion. Jetzt wartet eine neue Aufgabe auf die Säckchen: Sie machen zur Teatime aus dem Fine Bone China einen echten Hingucker, wenn Sie sie als Schablone für grünen Tee benutzen und dann sanft mit Pinzette und angefeuchtetem Finger hochheben.

Currywurst „La Ola“

Rezept für 8 Spieße

1	*Baguette zum Aufbacken*
4	*Bockwürste, ohne Haut*
8	*lange Holzspieße*
100 ml	*Öl zum Braten*

Den rohen Baguette-Teigling für etwa 1 Stunde in das Gefrierfach legen, damit man das Brot später besser in dünne Scheiben schneiden kann.

Inzwischen die Würste in ca. 2 cm lange Stücke schneiden.
Das angefrorene Brot der Länge nach in 8 etwa 2–3 mm dünne Scheiben schneiden (am besten mit der Aufschnittmaschine).

Die Wurststücke auf 8 lange Holzspieße stecken und dabei die Brotscheiben zwischen den einzelnen Wurststücken wellenartig auffädeln.

Reichlich Öl in einer Pfanne erhitzen, die Wurstspieße darin goldbraun braten, auf Küchenpapier abtropfen lassen und zusammen mit der Currysauce servieren.

Currysauce:

30 ml	*Olivenöl*
2	*Schalotten, klein geschnitten*
2	*Knoblauchzehen, fein gehackt*
0,5 EL	*Curry*
1 EL	*Tomatenmark*
5	*Cocktailtomaten, halbiert*
300 ml	*Tomatensaft*
1	*rote Chilischote, halbiert, ohne Kerne und fein gewürfelt*
	Salz, Pfeffer
	Chili aus der Gewürzmühle

Das Olivenöl erhitzen und Schalotten und Knoblauch darin anbraten.
Alle Zutaten zugeben, sirupartig einkochen lassen und zum Schluss mit Salz, Pfeffer und Chili aus der Gewürzmühle abschmecken.

stapellauf

EGAL, OB EIN SCHIFF GETAUFT, EINE WOHNUNG EINGEWEIHT, EIN KIND BEGRÜSST ODER AUCH NUR, WEIL FREITAG IST, EINE PARTY GEFEIERT WIRD – WO VIELE LEUTE AUFTAUCHEN UND ES ENG WIRD, MUSS MAN VERTIKAL ARBEITEN, UM ALLE UNTERZUBRINGEN.

Ob nun der Henkelmann aus den 50er Jahren als Vorbild dient oder das Geschirr der Dabbawalas in der Boomtown Mumbai – stapelbare Blechbecher sind praktisch, wenn man viele Gäste hat und wenig Platz auf dem Büffet für verschiedene Teller und Schalen. Um den Arbeiter-Charakter noch zu unterstützen, Namensschilder mit Kabelbindern daran befestigen.

HOCH HINAUS

War New York früher das ultimative Ziel für Wolkenkratzer-Architekten, sind es heute Tokio, Seoul, Kuala Lumpur oder Schanghai. Weil hier alles möglich scheint, die Zukunft schon heute stattfindet und fantastische Gebäude in den Himmel wachsen. Japans Hauptstadt beispielsweise pulsiert rund um die Uhr, Manager und Entrepreneurs putten und pitchen auf Golfplätzen in der 54. Etage, und weil der Platz knapp ist, haben sich auf den Gebäuden daneben Fahrschulen auf den Dächern etabliert. Vertikalität ist Trumpf in den neuen Megacities.

WOLKENKRATZER-BÜFETT

Ganz so gigantisch wie die Super-Architekten muss man zu Hause nicht denken, um seine Gäste zu beeindrucken. Aber wer in die Höhe baut, spart jede Menge Platz auf dem Tisch oder dem Büfett. Gut geeignet sind zum Beispiel kleine Schalen oder Blechbecher, die sowohl für Getränke als auch für Suppe oder feine Salate geeignet sind. Und: je klarer die Formen, desto ordentlicher wirken die Stapel. Auch bei der Dekoration sind gerade Formen gefragt: eine Reihe aus grünen Bohnen zum Beispiel kann Vorlegeplatten ersetzen, schwarze Nudeln dienen als Stift-Ersatz und lassen sich je nach Motto des Abends zu Skylines oder Piktogrammen legen. Gibt es ein landestypisches Dinner, kann man die Umrisse der entsprechenden Region mit Kreide oder Folienstift auf den Tisch malen. Oder man klebt eine Tischdecke aus dem italienischen „Corriere della Sera", der französischen „Le Monde" oder der japanischen „Asahi Shimbun", die es in gutsortierten Bahnhofskiosken gibt.

Events, durch die sich ein Länderthema zieht, sind zwar in puncto Essen leicht zu koordinieren, aber wer will schon zu jedem italienischen Abend grün-weiß-rote Fähnchen aufstellen oder zum Japan-Dinner Reismatten auslegen. Effektvolle Alternative: die Umrisse des jeweiligen Landes auf eine Platte mit Tafellack oder eine Folie malen.

Um Besteck auf dem Büfett bereitzustellen, kann man mit Kabelbindern aus dem Baumarkt attraktive Alternativen zu Gläsern oder Behältern schaffen, in dem man sie um ein Bündel grüne Bohnen, Makkaroni oder bunte Strohhalme wickelt. In die Zwischenräume stecken Sie dann Messer, Gabel und Löffel.

Sir Norman Foster, Zaha Hadid, Rem Kohlhaas bauen vielleicht an größeren Projekten, aber was Ideen anbelangt, können Sie locker mithalten: Konstruieren Sie aus schwarzen Nudeln auf dem weißen Tischtuch Kunstwerke, Stillleben oder abstrakte Gebilde, die ein wenig das Motto des Abends widerspiegeln oder vielleicht auch nur darauf hinweisen, wo es Essen gibt und welche Zone des Büfetts für Drinks reserviert ist.

Garnelenfrühlingsröllchen mit Mango-Chili-Dip

Rezept für 4 Personen

250 g	*Garnelen, küchenfertig*
4	*Scheiben rohen Speck*
1	*Eiweiß*
1 EL	*Koriander, gehackt*
50 g	*Macadamianüsse, geröstet und gehackt*
2	*Kaffir-Limonenblätter, fein gehackt*
1 EL	*Sojasauce*
1 EL	*Ingwer, fein gehackt*
	Salz, Pfeffer
	Chili aus der Gewürzmühle
4	*Frühlingsrollenblätter*
1	*Eigelb zum Bestreichen*
200 g	*Butterschmalz*

Garnelen und Speck in der Küchenmaschine mixen, in eine Schüssel geben und mit Eiweiß, Koriander, Macadamianüssen, Kaffir-Limonenblättern, Sojasauce und Ingwer vermischen, mit Salz, Pfeffer und Chili aus der Gewürzmühle abschmecken.

Die Teigblätter ausbreiten, in zwei Bahnen (10 × 15 cm) schneiden und die Garnelenmasse darauf verteilen. Ränder mit Eigelb bestreichen und der Länge nach zusammenrollen. Die Ränder rechts und links dabei einschlagen, damit die Füllung nicht herauslaufen oder sich mit Fett vollsaugen kann.

Butterschmalz in einem Topf erhitzen und darin die Garnelenfrühlingsröllchen goldgelb ausbacken. Auf Küchenpapier gut abtropfen lassen.

Mango-Chili-Dip:

1	*Mango*
1 EL	*weißer Balsamico*
	Saft von
1	*Zitrone*
1	*rote Chilischote, fein gewürfelt*
1	*grüne Chilischote, fein gewürfelt*
1 EL	*Zucker*
	Salz
0,25	*Salatgurke*

Die Mango schälen und das Fruchtfleisch in Würfel schneiden.
Mit dem Essig und dem Zitronensaft mit einem Stabmixer fein pürieren. Chili zugeben und mit Zucker und Salz abschmecken.
Gurke schälen, in feine Würfel schneiden und ebenfalls in das Püree geben.
Den Dip in Schälchen anrichten und die Garnelenfrühlingsröllchen auf einer Platte servieren.

natur pur

EIS SCHMILZT, LÖCHER WERDEN GRÖSSER, FRISCHLUFT KNAPP – REIN ÖKOLOGISCH GESEHEN LEBEN WIR AM RANDE DES ABGRUNDS. ALLEIN DAS IST GRUND GENUG FÜR EINE HOMMAGE AN DIE NATUR IN DEN EIGENEN VIER WÄNDEN. EIN WEITERER: MATERIALIEN STEHEN IN HÜLLE UND FÜLLE GANZ OHNE LADENÖFFNUNGSZEITEN ZUR VERFÜGUNG.

SUCHE NACH INSPIRATION

Kein Strandspaziergang, bei dem wir uns nicht nach Muscheln bücken, kein Tag am See, an dem wir nicht nach rund gewaschenen Kieseln greifen, und kein Waldspaziergang, ohne dass wir Tannenzapfen und Baumrinden betasten. Ein Ausflug ins Grüne ist immer ein Erlebnis für die Sinne. Kein Maler hat wundersamere Farben entwickelt, kein Konstrukteur bizarrere Formen erdacht, kein Bildhauer filigranere Strukturen geschaffen als die Natur. Je anfälliger sie wird, desto mehr besinnen wir uns auf ihren Wert. Designer haben jetzt sogar die Trends „Neo Nature" und „Outside in" ausgerufen. Will heißen: Die Natur mit ihren Formen und Farben wird nachgeahmt und in die kahlen Großstadtlofts geholt. Kugeln, Waben und Kristalle, knochige oder knotige Verästelungen und filigrane Konstruktionen bestimmen das Interieur. Baumhaus-Atmosphäre also für all die Lohas, Dinks, Bobos und Yettis, die wieder auf der Suche nach einem Sinn im Leben sind.

FUNDSTÜCKE AUS DEM WALD

Man muss gar nicht raus aus der Stadt fahren, um den größten Selbstbedienungsladen der Welt zu entdecken. Jeder Vorgarten, jeder Park ist eine Fundgrube, in der Sie für ein rustikales Dinner Ihre ganz natürliche Dekoration entdecken können. Schaffen Sie mit Hilfe von Baumrinden, Holzscheiten, Blättern und Steinen zu Hause eine Atmosphäre, die ein wenig Lagerfeuer-Romantik aufkommen lässt. Auch bei Stoffen darf es ruhig derb zugehen: Jute statt Plastik, Leinen statt Seide, Filz statt Brokat geben dem Tisch ein urtümliches Ambiente, auch wenn er in einer durchgestylten Designwohnung im sechsten Stock steht.

Naturmaterialien sind Trumpf. Selbst Designstühle lassen sich mit einem Stück Filz oder Leinen zu echten Naturburschen trimmen. Fehlende Sitzgelegenheiten oder Beistelltische werden mit Holzbündeln ergänzt, die von Paketschnur zusammengehalten werden. Statt Tischdecke dominiert heute ein alter Kartoffelsack (natürlich gewaschen) die Tafel.

Edles Tafelsilber ist vielleicht ein schöner Kontrast zu den Fundstücken aus der Natur. Aber Holzbesteck aus der Imbissbude vervollständigt die rustikale Thematik. Wer sich vor Splittern scheut, kann auch einfach nur das Menü des Abends darauf schreiben oder es als Platzkärtchen umfunktionieren. Als Tischset oder Topf-Untersetzer leisten lose Kiesel aus dem Flussbett gute Dienste

Um ein wenig Farbe auf den Naturtisch zu bringen, sind selbst gewebte Tischsets aus breiten, bunten Bändern perfekt. Einfach Streifen in unterschiedlichen Längen nebeneinanderlegen, dann quer Bänder in einem anderen Muster (aber aus der gleichen Farbfamilie) einflechten. Damit es besser hält, notfalls die Enden mit Kleber fixieren.

Was aussieht wie Kartoffeln im Schlafrock, ist eine lässige, natürliche Alternative zu elektrischen Warmhalteplatten. Das Prinzip erinnert an Omas Technik, Speisen unter der Bettdecke bis zum Servieren aufzubewahren, damit sie nicht auskühlen. Etwas stylisher: Ein Stück Filz an jedem Ende lochen, um eine Schale wickeln und mit einem biegsamen Zweig zusammenhalten.

Wenn viele Gäste dem Ruf der Natur folgen: Stimmiger als ein Glas- oder Plastiktisch sind lange Holzlatten, die für eine große Tafel auf Tischböcke gelegt werden. Ergänzt wird das Basic-Styling mit Baumrinden als Besteckhalter und Papiersets, auf die einfach Bilder aus der Natur (Wald, Pilze, ein Flusslauf, Rotwild …) kopiert oder gedruckt werden.

Eine einfache Brotzeit kann selbst verwöhnte Gourmets glücklich machen. Frisches Bauernbrot, ein wenig Käse, Schmalz – auf die Qualität kommt es dabei an. Und auf die Präsentation. Eine extravagante Alternative zu Karo-Tischdecken oder den üblichen Sets: ein paar Papyrus-Blätter. Als Mini-Stapel muten sie fast wie zarte Lamellen eines Steinpilzes an.

Ravioli vom Steinbutt in Vanillebutter mit weißem Spargel und jungem Spinat

Rezept für 4 Personen

Ravioli:

200 g	*Spinat*	*Spinat putzen und waschen. Wasser und Spinat in einem Glasmixer fein pürieren. Die Masse in einen Topf geben und langsam aufkochen lassen. Wenn sich das Chlorophyll (grüner Farbstoff der Spinatblätter) an der Oberfläche abgesetzt hat, diesen mit einem sehr feinen Sieb abheben.*
300 ml	*Wasser*	
250 g	*Hartweizenmehl*	
3	*Eier*	
2 EL	*Olivenöl*	*Mehl, Eier, Olivenöl, Salz und das abgeschöpfte Blattgrün zu einem glatten Teig verkneten. Dabei nur so viel Wasser zugeben, wie nötig. Den Teig in Klarsichtfolie wickeln und ca. 2 Stunden kalt stellen.*
	Salz	

Füllung:

200 g	*Steinbuttfilet*	*100 g Steinbuttfilet fein würfeln und kaltstellen. Den restlichen Steinbutt in grobe Würfel schneiden, ins Gefrierfach geben und anfrieren.*
70 ml	*Sahne*	
1	*Eiweiß*	*Anschließend den angefrorenen Steinbutt mit der Sahne, Eiweiß und Noilly Prat fein pürieren, mit Salz und Pfeffer würzen und durch ein feines Sieb streichen. Die Masse auf Eis stellen.*
2 EL	*Noilly Prat*	
	Salz, Pfeffer	*Die Stangen fein würfeln und zusammen mit dem fein gewürfelten Steinbutt unter die Farce mischen. Mit Salz und Pfeffer kräftig abschmecken und kühl stellen.*
2 Stangen	*grüner Spargel, gekocht*	
	Salz, Pfeffer	
2	*Eigelbe, verquirlt*	*Den Ravioliteig mit Hilfe einer Nudelmaschine zu dünnen Platten ausrollen. Jeweils eine Platte mit verquirltem Eigelb bestreichen, die Fischfarce portionsweise in kleinen Häufchen darauf geben und mit einer zweiten Nudelplatte bedecken. Mit Hilfe eines Ravioliausstechers Ravioli von 4 – 6 cm Durchmesser ausstechen.*
		Salzwasser in einem Topf zum Kochen bringen und die Ravioli darin ca. 2 – 3 Minuten kochen.

Spargel:

12 Stangen	*weißer Spargel*	*Spargel schälen, die holzigen Enden abschneiden und die Stangen in den Dämpfeinsatz geben.*
400 ml	*Spargelfond*	
	Mark von	*Spargelfond, Vanillemark und die ausgekratzte Schote im Dämpftopf aufkochen. Dämpfeinsatz daraufsetzen und den Spargel bei milder Hitze langsam dämpfen. Anschließend den Spargel warm stellen.*
1	*Vanilleschote de Tahiti*	

Vanillebutter:

100 g	*kalte Butterwürfel*	*Spargelfond auf ca. 200 ml reduzieren und die Butterwürfel nach und nach unterrühren, so dass eine sämige Sauce entsteht. Mit Salz, Pfeffer und Zucker abschmecken.*
	Salz, Pfeffer	
	Zucker	

Spinat:

400 g	*Babyspinat*	*Den geputzten und gewaschenen Spinat trocken schleudern.*
2	*Schalotten, geschält*	
1	*Knoblauchzehe, geschält*	*Schalotten und Knoblauch ganz fein würfeln und in der heißen Butter andünsten. Mit Salz, Pfeffer und Muskat kräftig würzen. Spinat zugeben und kurz mitdünsten, damit er zusammenfällt.*
50 g	*Salzbutter*	
	Salz, Pfeffer	
	Muskat	*Die Spargelstangen in der Mitte schräg halbieren, mit dem Spinat auf den Tellern verteilen, je 2 Ravioli darauf geben und mit der Vanillebutter nappieren.*

SEHNSUCHT NACH ENDLOSEN STRÄNDEN, STEILEN KLIPPEN UND TOSENDER SEE?

seemannsgarn

EINE EINLADUNG IN DEN EIGENEN VIER WÄNDEN ZUM SEAFOOD-GELAGE ERINNERT AN EIN WINDSCHIEFES FISCHRESTAURANT IN DEN DÜNEN DER NORMANDIE, IN DEM GOURMETS MIT SCHNÖRKELLOSEM CHARME STATT SEEMANNSGARN EINGEWICKELT WERDEN.

Fundstücke vom Strand treffen auf Fundstücke vom Flohmarkt. Leichtigkeit entsteht durch extravagantes Porzellan in Papieroptik und Gläser, die daran erinnern, dass das Meer im Sommer weniger düster ist.

LEINEN LOS!

Es gibt sie überall, diese unverfälschten Orte, die einen Urlaub zum Erlebnis machen, das man nie mehr vergisst. Ob es eine laute Taverne in Griechenland, ein gemütliches Inn in Cornwall oder in unserem Fall ein rustikales Fischlokal an der Küste der Manche ist, wichtig ist: Eine gute Portion Authentizität, eine Prise Humor und als Beilage ein bodenständiges Essen sind die Zutaten zu einem Abend, an den man sich ein Leben lang gern erinnert. Im „La Cale" in Blainville-sur-Mer zum Beispiel passt die Speisekarte auf ein Zigarettenpapier. Drei Gerichte gibt es. Und ein Dessert. Aber selbst die Pariser Hautevolee reist für die „moules frites", also Muscheln mit Pommes, und Austern an, setzt sich im Kaschmirpullover an wackelige Tische und genießt die Unverfälschtheit auf dem Teller und im Restaurant. Das „La Cale", eher Bretterbude denn Sinnentempel, ist der Inbegriff für die raue Seite des Savoir-vivre, in dem nicht viel vom eigentlichen Star des Abends ablenkt: dem Essen.

NATÜRLICHES STRANDGUT

Grau, fast schwarz brodelt das Meer im Winter und gibt ab und zu seine Schätze preis: rund gewaschene Steine, bizarr geformte Treibhölzer, außergewöhnliche Muscheln. Raue Schönheiten, die auf dem Tisch zur Geltung kommen sollten, weil sie eine Geschichte von fernen Ländern und unheimlichen Stürmen erzählen. Der perfekte Hintergrund: natürliche Sets aus Schieferplatten, die man mit Kreide immer wieder neu beschriften kann und die statt Flaschenpost Botschaften für die Gäste parathalten. Als Tischkarten einfach Papierschiffchen falten und über den dunklen Schiefersee schippern lassen. Rustikale Accessoires wie Austernhandschuhe und Netze (z.B. Sets aus Kunststoff) fangen zusätzlich Blicke oder Geschirr ein.

Papierschiffchen ziehen sich als maritimes Thema durch den Abend. Sie begrüßen als Flotte die Gäste im Flur, ersetzen auf dem Tisch die Platzkarten, geben auf dem Büfett Auskunft über den Inhalt der Schüsseln und schippern zum Abschluss kleine Pralinen für die Gäste nach Hause.

Teller, Besteck, Servietten lassen sich mit Stoffen aus Leinen oder Plastik in Sets zusammenpacken, damit Sie sichergehen können, dass jeder Gast auch mit den Basics versorgt ist. Nett, wenn Sie als eine Art Anker dann seinen Namen auf einen Kiesel schreiben und mit einer Klammer daran befestigen.

Schwarze Kiesel lagen nicht am Strand? Oder es gab keinen Strand zum Suchen? Einfach Steine mit Tafellack bepinseln – und vielleicht Hinweise für eine Schatzsuche daraufschreiben.

TIPP:

Mit natürlichen Materialen lassen sich einfache, effektvolle Akzente setzen: Wirsingblätter ersetzen kleine Schalen für Muscheln oder Aioli, Brot wird mit Keksausstechern je nach Motto des Abends zu Kreisen, Seesternen, Herzen oder Blumen geformt. Und damit jeder Gast seine Utensilien vom Büfett angeln kann, einfach vorher komplette Sets zusammenstellen und mit einem sogenannten Zählstoff (wird sonst zum Sticken gebraucht) zu einem Paket schnüren.

Manchmal täuscht sich auch der beste Navigator: Was aussieht wie Besteck ist in Wirklichkeit ein Gebilde aus schwarzen Nudeln und Kreide. Auch die Tischdecke mit den aufgestickten Utensilien kann man selber machen: einfach auf einer Papierdecke Messer, Gabel, Teller und Gläser mit Filzstift aufmalen.

Frische Austern

Eine Flaschenpost zu finden ist ein echtes Abenteuer. Was wohl drinsteht? Wer sie nur geschrieben hat? Und wie lang dauert ihre Reise nun schon? In diesem Fall beinhaltet sie das Menü für den Abend. Sie können aber auch kleine Gedichte, Fotos oder Gastgeschenke in eine Flasche oder schmale Vase geben und Ihren Gästen mitgeben.

Mit natürlichen Materialen Akzente setzen: Brot mit Keksausstechern zu Kreisen, Monden oder Seesternen formen – zusammen mit einer Sushirolle auf eine Brücke aus schwarzen Nudeln gesetzt, wird ein perkfektes Amuse-Gueule daraus.

Bischofsmütze, Tafelspitz, Lilie – alles klassische Serviettenfalttechniken, die aber bei einem maritimen Dinner nicht so recht ins Bild passen wollen. Ein Schiffchen, das auch noch Brot geladen hat, schwimmt viel besser im Thema mit. Das Einzige, das Sie dabei beachten müssen, ist, dass jede Falz kurz übergebügelt werden muss, damit das Kunstwerk keinen Schiffbruch erleidet.

Dass Matrosen und Fischer dazu neigen, Seemannsgarn zu spinnen, ist selbst überzeugtesten Landratten bekannt. In den Erzählungen wird der Fang immer kapitaler, der Fisch immer größer und der Sturm immer heftiger als in Wirklichkeit. Übertreiben Sie es bei Tisch auch ein wenig und tischen Sie wundersame Geschichten auf – von selbst gefangenen Schoko-Heringen zum Beispiel, die täuschend echt auf einem Rost liegen.

Jakobsmuscheln in der Schale mit jungem Spinat und Limonenschaum gratiniert

Rezept für 4 Personen

8	*Jakobsmuscheln*
2 EL	*Olivenöl*
	Salz, Pfeffer

Die Jakobsmuscheln aus der Schale lösen, ausputzen und gut waschen. Auf Küchenpapier abtropfen lassen. Die Schalen säubern und unter fließendem Wasser gut abspülen.
Olivenöl erhitzen und darin die Jakobsmuscheln mit Farbe anbraten. Mit Salz und Pfeffer würzen.

Junger Spinat:

200 g	*Babyspinat*
30 g	*Butter*
2	*Schalotten, fein gewürfelt*
2	*Knoblauchzehen, fein gehackt*
	Salz
	Muskat

Den Spinat putzen, waschen und trocken schleudern. Die Butter in einer Pfanne erwärmen, die Schalotten und den Knoblauch darin andünsten, mit Salz und Muskat würzen, den Spinat beigeben und zusammenfallen lassen.
Den Spinat in die tiefen Muschelschalen verteilen und jeweils 2 gebratene Jakobsmuscheln daraufsetzen.

Limonenschaum:

20 g	*Butter*
2	*Schalotten, geschält*
	Saft von
2	*Limonen*
	abgeriebene Schale von
2	*Limonen (unbehandelt)*
200 ml	*Fischfond*
100 ml	*Sahne*
50 g	*kalte Butterwürfel*
	Salz, Pfeffer
30 g	*geschlagene Sahne*

Die Butter in einem Topf erhitzen, darin die geschälten und in feine Scheiben geschnittenen Schalotten glasig dünsten, Limonensaft und -schale zugeben.
Mit dem Fischfond aufgießen, aufkochen lassen und etwa 10 Minuten ziehen lassen. Durch ein feines Sieb passieren, die Sahne zugeben und auf ein Drittel einkochen lassen.

Die kalten Butterwürfel einrühren, mit Salz und Pfeffer abschmecken und das Ganze mit einem Stabmixer aufschäumen. Die geschlagene Sahne unterrühren.
Die Jakobsmuscheln mit dem Limonenschaum bedecken und unter dem Backofengrill goldbraun gratinieren.

DER HERBST IST DIE DIVA UNTER DEN JAHRESZEITEN,
DIE MIT EINER LETZTEN VORSTELLUNG
GLAMOUR UND GRANDEZZA AUFLEBEN LÄSST.

herbstzeitlose

EINE EINLADUNG, PRÄCHTIGE FARBEN UND VERSCHWENDERISCHE VIELFALT MIT ALLEN SINNEN ZU GENIESSEN.

Vorhang auf für ein Schauspiel, bei dem jeder Gast mitwirken kann. Denn gemeinsames Kochen verbindet. Während die Rehkeule, das Wildgulasch oder was auch immer aus dem Wald (oder von der Fleischtheke) erjagt wurde, im Ofen gart, können Wintersalate und Beilagen am Tisch vorbereitet werden.

GRANDE DAME

Was bei uns so uncharmant als Altweibersommer deklariert wird, zählt anderswo als Indian Summer zur schönsten Jahreszeit, weil die Sonne noch wärmt, die Luft klar ist und sich die Natur vor dem Winterschlaf noch einmal richtig in Schale wirft. Aber ehrlich, das ist in Neuengland genauso beeindruckend wie vor unserer Haustür: Seen locken, an deren Ufer Schilf im Wind raschelt und ein paar letzte mutige Badende ins Wasser tauchen. Weicher Waldboden, der nach Pilzen riecht und unter dessen Moosbetten man im Abendnebel leichtgläubig Trolle vermuten könnte. Vögel, die sich in den fahlen, blauen Himmel schwingen und mutig ihre Reise in den Süden antreten. Es ist eine Zeit, in der die Vergänglichkeit spürbar wird. Aber der Abschied, den die Natur zelebriert, ist fröhlich und bunt, ganz als würde eine Diva ein letztes Mal Hof halten und sich von all ihren Verehrern mit Pomp, Prunk und einem letzten süffisanten Lächeln verabschieden.

GROSSER AUFTRITT

Minimalismus ist nichts für den Herbst. Jetzt darf sich die Tafel biegen unter großen Schalen und schweren Töpfen. Ein Fell (echt, Fake-Fur oder aus grauem Filz ausgeschnitten) auf dem Tisch schafft ein Ambiente, dass an die Küche eines alten Jagdschlosses erinnert. Um die Szenerie perfekt zu machen, werden aufgeschnittene Rotkohlköpfe verteilt, die ausgehöhlt gleichzeitig als Schalen dienen und mit ihrem bizarren Muster fast wie Missoni-Designstücke aussehen. Holz, Ton, Gusseisen sind die vorherrschenden Materialien, denn es darf in diesem Fall etwas derber zugehen – ganz, als ob eine propere Küchenmamsell hier das Sagen hätte. Ein paar Äste oder bemooste Zweige steuern zusätzlich natürliches Flair bei.

Warum auch immer, Essen direkt aus dem Topf schmeckt irgendwie besser, intensiver. Vielleicht, weil es ein bisschen etwas Verbotenes hat. In diesem Fall bekommt aber keiner etwas auf die Finger, sondern jeder Gast darf nach Herzenslust Topfgucker spielen. Denn in den Mini-Töpfen wird exakt eine Portion serviert. Als Salzfässchen dazu einfach ein Blatt Radicchio oder Mini-Rotkohl verwenden.

TIPP:

Eine Idee, mit der Sie zu jedem Event bei sich den richtigen Rahmen schaffen: Lackieren Sie eine Wand Ihres Esszimmers oder der Küche mit Tafellack. So können Sie immer etwas dem Anlass entsprechendes darauf malen oder schreiben. Wer vor schwarzen Wänden zurückschreckt, kann auch eine XXL-Holzplatte lackieren, die nur zum Einsatz kommt, wenn wirklich Bedarf ist.

Opulenz ist Trumpf. Bei einem Herbst-Dinner darf sich der Tisch unter riesigen Holzschalen, schweren Gusseisen-Töpfen und bombastischen Accessoires biegen. Wer sich scheut, ein echtes Fell als Tischtuch zu verwenden, kann auch auf Fake-Fur ausweichen oder aus braunem oder grauen Filz eine Fell- oder Tierform ausschneiden.

Welcom

Äpfel, Birnen, Quitten, Cranberries und Trauben haben im Herbst Hochkonjunktur. Wie Sie die Früchte auch verarbeiten, greifen Sie sie bei der Deko auf: Stellen Sie einen Korb mit Schneewittchenäpfeln am Eingang auf, eine Holzschale mit tiefgelben Quitten auf das Büfett oder füllen Sie Gläser mit leuchtend roten Cranberries. Wem das zu gewaltig ist, kann auch auf die Mini-Varianten zurückgreifen (gibt es in gutsortierten Feinkostläden).

Kiefern- und Tannenzapfen verströmen nicht nur einen betörenden Duft nach Wald, sie sind auch mit ihren bizarren Formen echte Hingucker. Schreiben Sie das Menü mit einem Folienstift zum Beispiel auf ein Geschenkband, das sich leicht mit einer Schere locken lässt, und drapieren Sie es um einen Zapfen.

Auch ohne grünen Daumen gedeiht dieser „handmade" Apfelbaum, der eigentlich eine Tischkarte ist. Einen kahlen Zweig mit Zieräpfeln behängen, ein Blatt ankleben und eine Kleberolle oder ein weiteres Blatt mit Namen beschriften – fertig.

Natürlich ist jetzt auch Zeit, um Jagdtrophäen auszustellen. Geweihe gibt es zum Beispiel auf dem Flohmarkt – oder man bastelt aus Zweigen Gebilde, die ein Stück Herbstwald imitieren. Zarte Blüten, die Schneekristalle vorausahnen lassen, malt man auf ein Holzpaneel mit Tafellack.

Was aussieht wie opulente Blüten, sind in Wirklichkeit halbierte Kohlköpfe. Damit die Schnittflächen nicht zu platt geraten, die äußeren Blätter stehen lassen und vorsichtig innen eine konvexe Form schneiden.

Naturmaterialen haben oft viel bizarrere Strukturen, Farben und Formen als es je ein Designer imitieren könnte. Deshalb nur Mut im Selbstbedienungsladen aus dem Vollen zu schöpfen: Wirsingblätter umwickeln kleine Gastgeschenke zu ökologisch wertvollen Paketen, Baumrinden machen als Brotkorb Karriere, Steine als Salzfass oder Grünkohlblätter als Blumenersatz …

Gefüllte Kalbs-Wirsing-Röllchen mit Kerbel-Pilzrahmsauce

Rezept für 4 Personen

Füllung:

2	*Scheiben Toastbrot*
100 ml	*Milch*
400 g	*Kalbfleisch (z. B. aus der Keule)*
100 g	*Frühstücksspeck*
2	*rote Zwiebeln, fein gewürfelt*
2	*Knoblauchzehen, fein gewürfelt*
20 g	*Butter*
1 EL	*Petersilie, gehackt*
1	*Ei*
	Chili aus der Gewürzmühle
	Salz, Pfeffer
1	*Wirsingkopf*
30 g	*Butterschmalz*

Das Brot entrinden und in kleine Würfel schneiden, mit der lauwarmen Milch übergießen, etwas ziehen lassen.

Kalbfleisch von Fett und Sehnen befreien und in breite Streifen schneiden. Zusammen mit dem Speck durch die feine Scheibe des Fleischwolfs drehen und mit den Brotwürfeln vermischen. Zwiebel- und Knoblauchwürfel in der heißen Butter ohne Farbe anschwitzen. Petersilie zugeben und die Masse auskühlen lassen. Anschließend zu der Kalbshackmasse geben und vermischen. Das Ei zugeben, mit Chili, Salz und Pfeffer würzen. Alles gut miteinander vermengen und die Masse etwas ruhen lassen.

Die äußeren dunklen Blätter des Wirsings entfernen, den Strunk herausschneiden. 8 große Blätter vom Kopf abtrennen und diese in reichlich kochendem Salzwasser blanchieren. Anschließend in Eiswasser abschrecken, die Blätter gut abtropfen lassen und den Mittelstrunk herausschneiden. Die Blätter zwischen einem Küchentuch mit Hilfe eines Nudelholzes so ausrollen, dass sie flexibel und weich werden. Anschließend auf jedes Blatt eine Portion Hackmasse geben, die Seiten einschlagen und die Blätter zu einer Roulade aufrollen. Mit einer Rouladennadel fixieren.

Das Butterschmalz in einer Pfanne erhitzen, die Wirsingröllchen darin von allen Seiten anbraten. Dann herausnehmen und beiseite stellen.

Kerbel-Pilzrahmsauce:

300 g	*Pilze, gemischt (Champignons, Pfifferlinge, Austernpilze)*
2	*Schalotten*
2	*Knoblauchzehen*
50 g	*Butterschmalz*
200 g	*Sahne*
200 ml	*Geflügelfond*
	Salz, Pfeffer
	Muskat
1 EL	*Speisestärke, in kaltem Wasser angerührt*
30 g	*kalte Butterwürfel*
2 EL	*geschlagene Sahne*
2 EL	*Kerbel, fein gehackt*
2	*Kerbelzweige für die Garnitur*

Die Pilze putzen und in mundgerechte Stücke schneiden. Schalotten und Knoblauch schälen und in feine Würfel schneiden. Zuerst die Pilze in dem heißen Butterschmalz kross anbraten, dann Knoblauch und Schalotten zugeben und ebenfalls anschwitzen.

Sahne und Geflügelfond in den Bräter gießen und aufkochen lassen. Mit Salz, Pfeffer und Muskat abschmecken und die Wirsingröllchen darin fertig schmoren. Anschließend die Röllchen herausnehmen und warm stellen.

Die Sauce nochmals mit Salz und Pfeffer abschmecken und, falls nötig, mit etwas Speisestärke binden. Zuletzt die kalte Butter, die geschlagene Sahne und den Kerbel unterrühren.

Die Rouladennadeln aus den Wirsingröllchen entfernen und zusammen mit der Kerbel-Pilzrahmsauce servieren. Mit frischem Kerbel garnieren.

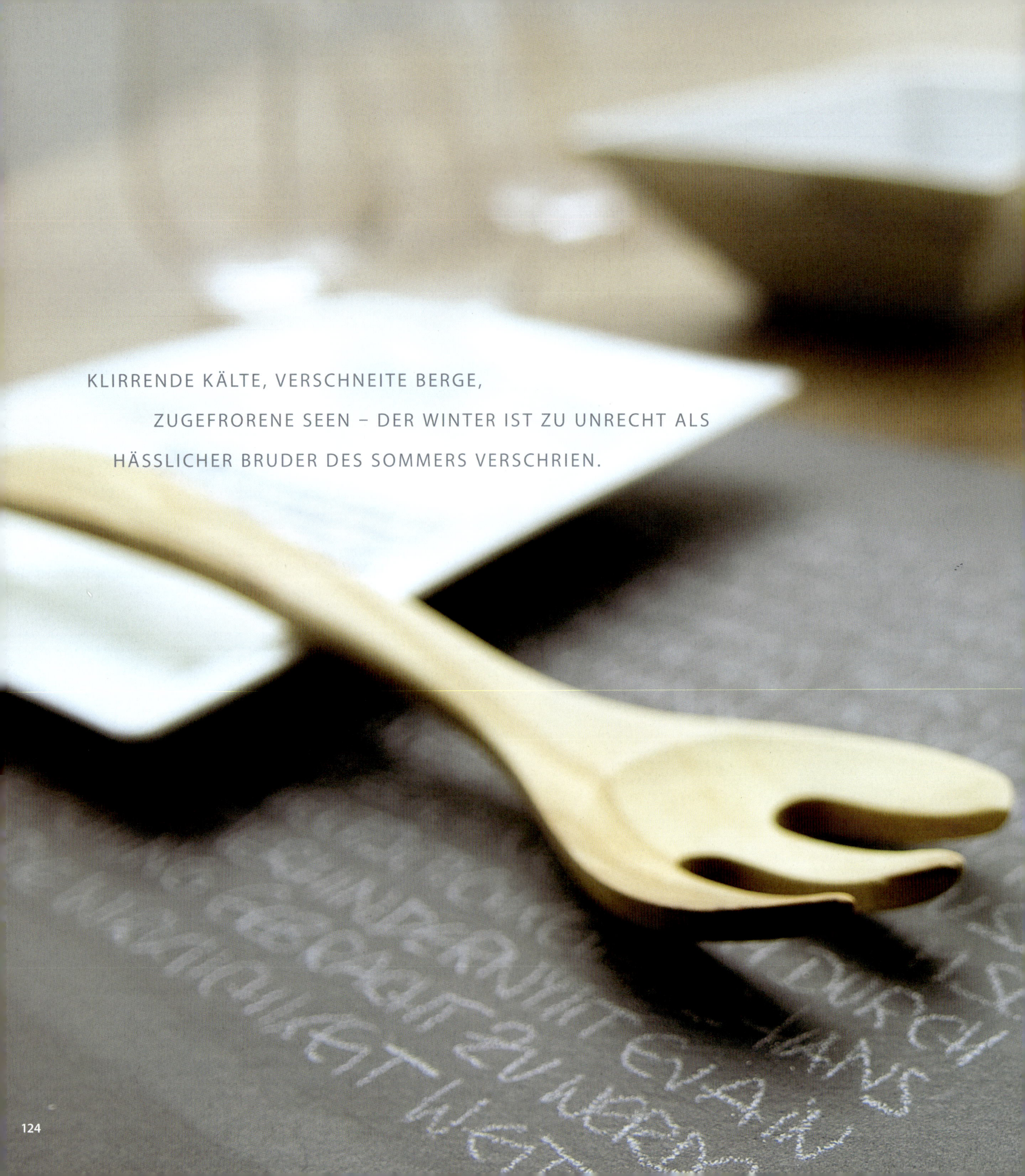

KLIRRENDE KÄLTE, VERSCHNEITE BERGE,
ZUGEFRORENE SEEN – DER WINTER IST ZU UNRECHT ALS
HÄSSLICHER BRUDER DES SOMMERS VERSCHRIEN.

ein wintermärchen

ABER SELBST WENN ES NICHT MIT DER WEISSEN IDYLLE DRAUSSEN KLAPPT, VERHELFEN CHARMANTE TÄUSCHUNGSMANÖVER IM ESSZIMMER ZUM EIGENEN WINTERWONDERLAND.

Es mag ja nicht jeder gut bei Stimme sein, aber vielleicht bringen Songtexte von Weihnachtsliedern die Gäste ja in Stimmung zum Singen. Auf Büttenpapier, Karten oder den Tisch schreiben, das inspiriert sicher.

WEISSE HERRLICHKEIT

Wintermärchen ohne Schnee, Eisblumen oder Frost? Unvorstellbar! Deshalb hängen wir so an unseren Kindheitserinnerungen, an Nachmittagen, die wir mit Iglubauen und Schneeballschlachten verbrachten. Deshalb denken wir so gern an Skiurlaube, in denen wir mit roten Nasen, brennenden Wangen und klammen Fingern im klaren Morgenlicht über Pisten gewedelt sind. Und an Schlitterpartien, Rodelnachmittage, Eisstockschießen. An die Ferien, die wir mit der gesamten Familie irgendwo in einem Chalet verbracht haben, vor flackerndem Kaminfeuer, die Füße wohlig in Hüttenschuhen gen Wärme streckend und Geschichten erzählend. Denn an langen Winterabenden ist viel Zeit für „Das Mädchen mit den Schwefelhölzern", für Charles Dickens' „Weihnachtsmärchen" und natürlich für „Die Feuerzangenbowle". Denn so alt die Geschichten sind, sosehr berühren sie uns immer wieder.

WINTERWUNDERLAND

Wenn man eines vor dem 24. Dezember nicht gebrauchen kann, dann ist das zusätzlicher Stress. Einladungen sollten deshalb vor allem eines sein: unkomplizierte Events. Ob es nun eine Feuerzangenbowle ist, die mit dem flackernden Feuer ohnehin so effektvoll und faszinierend ist, dass man kaum Beiwerk braucht, oder ein einfaches Käsefondue oder Raclette, bei dem die Gäste fast selber kochen, ist egal. Was zählt, sind Ausgelassenheit, Spannung und Vorfreude. Weil Schnee unerlässlich für die Weihnachtsstimmung ist (und leider selten im Dezember fällt), schafft man einfach sein eigenes Winterwunderland: Mit Zuckerhüten in verschiedenen Größen, Eisbrocken aus Kandis, Schnee aus Puderzucker. Accessoires in Weiß oder aus Glas schaffen eine Atmosphäre, die an märchenhafte Eispaläste erinnert.

TIPP:

Auch aus Würfelzucker lassen sich frostige Landschaften formen. Einfach zu Iglus aufschichten (mit Hilfe von Klebstoff) und ein Teelicht hineinstellen. Statt Bergidylle kann auch eine arktische Szenerie entstehen: mit Eisschollen aus Kandiszucker, Flächen aus grobem Meersalz und Eisbären, Pinguinen oder selbst „verirrten" Giraffen und Löwen (aus dem Spielzeugladen), die einfach mit weißer Farbe angesprüht werden.

Natürlich träumen wir alle von Hüttenzauber und verschneiter Bergwelt. Aber auch im Flachland kann die perfekte Skiidylle entstehen: Unterschiedlich große Zuckerhüte arrangieren, Kandis als „Felsbrocken“ darum verteilen und mit Puderzucker bestreuen. Als Krönung sausen Skifahrer (aus dem Modelleisenbahn-Fundus) über die süßen Pisten.

Weihnachten ist ein Fest der Liebe. Aber trotzdem fällt es nicht leicht, über offene Zahnpastatuben und olle Tennissocken hinwegzusehen. Ein raffiniertes Mittel, um zumindest das Sockenproblem aus der Welt zu schaffen, ist, sie einfach zu adeln und ihrer edleren Bestimmung zuzuführen: als Wärmemantel für Bowle- und Punschgläser nämlich.

Kardamom, Anis, Zimt, Nelken – so riecht Weihnachten. Und die Gewürze sehen auch noch gut aus! In kleinen Schalen auf der Tafel verteilt, vermitteln sie einen ganz ursprünglichen und unverfälschten Charakter von Plätzchenherrlichkeit.

TIPP:

Lieblings-Weihnachtsgeschichten: Daniel Glattauer „Der Weihnachtshund", Astrid Lindgren „Bald ist Weihnachten", Astrid Lindgren „Weihnachten in Bullerbü", Charles Dickens „Ein Weihnachtsmärchen", Karen Duve „Weihnachten mit Thomas Müller".

Legen Sie jedem Gast (ob fotokopiert oder selbst ausgedacht, egal) ein paar Blätter mit einer Geschichte neben den Teller. Wetten, es finden sich ein paar begabte Vorleser? Man kann auch eine Holzplatte mit Tafellack bestreichen, um dann darauf je nach Anlass mit Kreide den passenden Rahmen zu texten oder zu malen: für ein romantisches Dinner ein Liebesgedicht, für den Osterbrunch etwas aus der „Häschenschule" …

Schieferbruchstücke sind echte Alleskönner: Sie helfen beim Stapeln von Geschirr, sie sind Platzkärtchen oder – falls Kinder oder Kreative mit am Tisch sitzen – auch die schönsten Malunterlagen. Einfach für jeden Gast einen weißen Kreide- oder Buntstift mit einer Schnur an der Platte befestigen, damit nach Herzenslust Gedichte, Bilder und Rezepte notiert werden können.

Recycling mit Stil: Aus alten Küchenhandtüchern, Leinenservietten oder anderen Stoffresten können Sie Kaffeefilterformen ausschneiden und mit wenigen Stichen kleine Tütchen für Brot oder Besteck nähen. Es darf ruhig ungelenk aussehen, das macht den Charme dieser Verpackung aus. Wer es sich zutraut, kann auch die Initialen seiner Gäste darauf sticken.

Stollen, Zimtsterne, Lebkuchen und Glühwein – irgendwann braucht man nach all den süßen Köstlichkeiten etwas Herzhaftes. Prima, wenn später auch ein Büffet mit Brot, Käse und Gurken angeboten wird. Einfach alles zu kleinen Bergen arrangieren. Denn Bergluft macht ja bekanntlich hungrig.

Besonderns wenn viele Gäste gleichzeitig erscheinen, ist es für Gastgeber nicht immer leicht, sich ausgiebig um alle zu kümmern. Damit sie sich trotzdem willkommen fühlen, einfach ein paar Begrüßungsworte auf Tonpapier schreiben und z. B. beim Winter-Dinner eine Zimtstange dazu stecken. Auch weiße Platzteller lassen sich übrigens als Botschafter verwenden …

Waldmeister-Apfel-Bowle

Rezept für 4 Personen

3	*Äpfel*
200 ml	*Apfelsaft*
200 ml	*Weißwein*
50 ml	*Waldmeistersirup*
	Mark von
1	*Vanilleschote*
100 g	*Zucker*
200 ml	*Sekt*
2 EL	*Waldmeister, fein gehackt*

Die Äpfel schälen, das Kerngehäuse entfernen und die Äpfel in Spalten schneiden.

Apfelsaft, Weißwein, Waldmeistersirup, Vanillemark und Zucker aufkochen und etwas einkochen lassen. Die Apfelspalten kurz darin garen.

Das Ganze nun auf Eis kalt stellen und anschließend den Sekt mit dem fein gehackten Waldmeister mit einer Schaumkelle vorsichtig einrühren.

Die Bowle in zuvor kaltgestellten Gläsern servieren.

ADRESSEN

Wenn nicht anders erwähnt: Geschirr, Besteck und Deko erhältlich bei Kustermann, Viktualienmarkt 8, 80331 München, www.kustermann.de

DIE LEICHTIGKEIT DES SEINS

Geschirr und Besteck (alles bei Kustermann, www.kustermann.de)
Löffel von Alessi
Teller „Fine Bone China" von Dibbern
Schälchen von Sieger by Fürstenberg, Serie „My China"
Schale von Sieger by Fürstenberg, Serie „My China"
Besteck „Barbry" von Georg Jensen
Blatt-Teller von KPM (Königliche Porzellanmanufaktur)
Teller „Fine Bone China" von Dibbern
Blattschälchen "Schale Blatt" von KPM (Königliche Porzellanmanufaktur)
Gläser „Gourmetgläser" von Zwiesel
Vase „Adonis" von KPM (Königliche Porzellanmanufaktur)
Schale „empereror's garden" von Sieger by Fürstenberg
Grünes Glas „Lounge" von Dibbern
Weinglas „Mankái" von Villeroy & Boch

Dornenbusch / Bonsaiholz
Erhältlich im Blumenhandel, z. B.:
Des Fleurs, Westermühlstraße 10, 80469 München, www.desfleurs.de
Blumen, die leben, Max-Weber-Platz 9, 81675 München, www.blumendieleben.de

Stäbchen
Erhältlich im Asiamarkt, z. B.:
Orient Shop GmbH, Rosenheimer Straße 34, 81668 München, www.orientshop.net
Asia Supermarkt Hansa Warenhandel, Fahrgasse 95, 60311 Frankfurt
Champa Center, Boddinstraße 65, 12053 Berlin

Zieräpfel
Erhältlich im Blumenhandel, z. B.:
Des Fleurs, Westermühlstraße 10, 80469 München, www.desfleurs.de
Blumen, die leben, Max-Weber-Platz 9, 81675 München, www.blumendieleben.de
Blumen Company Hamburg, Lange Reihe 92, 20099 Hamburg,
www.blumen-company-hamburg.de

Reisblätter
Erhältlich im Asiamarkt, z. B.:
Orient Shop GmbH, Rosenheimer Straße 34, 81668 München, www.orientshop.net
Asia Supermarkt Hansa Warenhandel, Fahrgasse 95, 60311 Frankfurt
Champa Center, Boddinstraße 65, 12053 Berlin

Asia-Boxen
Vom Take-Away, z. B.:
Yum 2 Take, Sebastiansplatz 8, 80331 München, www.yum2take.de
Buchtipp: Special Packaging, Pepin Press, 20,99 Euro

POLTERGEIST

Geschirr und Besteck (alles bei Kustermann, www.kustermann.de)
Besteck „Ostfriesen" von Robbe & Berking
Herzschalen „Tartform" von Cilio
Gabel „Lambert" von Kustermann
Tasse „Maria Theresa weiß" von Rosenthal Classic
Teller „Fine Bone China" von Dibbern

Hornlöffel von Leute, www.holz-leute.de

Messer / Besteck „Twig“ von Artedona, www.artedona.de
Gläser privat

Papier
Erhältlich in Bastelgeschäften, z. B.:
Kaut-Bullinger, Rosenstraße 8, 80331 München, www.kabuco.de
Boesner, www.boesner.com (20 × in Deutschland)

Klebeband leuchtend
Erhältlich im Baumarkt

Dosen
Erhältlich im Supermarkt
Banderolen mit warmem Spülwasser ablösen

Schiefertafel
Erhältlich im Baumarkt
Fertige Schiefertafeln von Räder, Huestraße 9, 44787 Bochum, www.raeder.de

Tapete
Wand-Gewand, Auen-Straße 54, 80469 München, www.wand-gewand.de
Berlintapete, Kollwitzstraße 80, 10435 Berlin, www.berlintapete.de
Martina Ketterle, Münchener Straße 59, 86633 Neuburg / Donau,
www.fussbodenketterle.de

WAHLVERWANDTSCHAFT

Geschirr und Besteck (alles bei Kustermann, www.kustermann.de)
Geschirr-Mix aus den Serien „Mussel Mega“ und „Musselmalet Vollspitze“
von Royal Copenhagen
Uni-Geschirr weiß „Free Spirit“ von Rosenthal
Gläser „Fino“ von Zwiesel 1872
Blaues Weinglas „Superior“ von Eisch
Tassen mit Blumenmotiven aus den Serien „Mussel Mega“ und „Hannemann“
von Royal Copenhagen

Läufer
Läufer mit Lochstickerei von Lambert, bei Kustermann, www.kustermann.de
Läufer in Netzoptik von Ikea, www.ikea.de

Band
Erhältlich im Kurzwarenhandel, z. B.:
Geknöpft & Zugenäht, Burgstraße 7, 80327 München, über www.ludwigbeck.de

Tortenspitzen
Z. B. von Duni, www.duni.com
Erhältlich im Supermarkt oder Drogeriegeschäft, z. B. Schlecker, www.schlecker.de
oder: Der Gastrobedarf Ledig, www.dergabel.de

Ausstecher (Herz)
Kustermann, Viktualienmarkt 8, 80331 München, www.kustermann.de

Stickstoff
Erhältlich im Kurzwarenhandel, z. B.:
Kaut-Bullinger, Rosenstraße 8, 80331 München, www.kabuco.de
Wollywood, Bahnhofstraße 7, 23843 Bad Oldesloe, www.wollywood.de
Creativ Point, www.creativ-point.eu

Basteldraht
Erhältlich in Bastelgeschäften, z. B.:
Kaut-Bullinger, Rosenstraße 8, 80331 München, www.kabuco.de
Creativ Point, www.creativ-point.eu

MODERNE NOMADEN

Geschirr und Besteck (alles bei Kustermann, www.kustermann.de)
Weiße Vase „Adonis" von KPM (Königliche Porzellanmanufaktur)
Pasta-Teller „Amici" von Thomas Rosenthal Group
Gläser „Canada" von Holmegaard
Oranges Glas „Scita" von Schott Zwiesel
Schalen in weiß-grau von Lambert
Besteck von Lambert
Glasschale „Free Spirit" von Rosenthal
Gemusterter Teller von Lambert
Servierdose von Auerhahn
Weinglas „Mankái" von Villeroy & Boch

Filz
Erhältlich in Bastelgeschäften, z. B.:
Johanna Daimer, Dienerstraße, 80331 München, www.dainer-filze.de
Creativ Point, www.creativ-point.eu

Stickstoff
Kaut-Bullinger, Rosenstraße 8, 80331 München, www.kabuco.de
Wollywood, Bahnhofstraße 7, 23843 Bad Oldesloe, www.wollywood.de
Creativ Point, www.creativ-point.eu

Klebeschrift
Kuffer Werbung, www.kuffer-werbung.de
Silbensalon, www.silbensalon.de

Flying Candles
Fly Candle Fly, Ingo Maurer, über www.wunschlicht.de

BUNT FÜRS LEBEN

Geschirr und Besteck (alles bei Kustermann, www.kustermann.de)
Geschirrserie „Cumullus" von Kahla
Gläser „Mankái" von Villeroy & Boch

Gummiball
Kaut Bullinger, Rosenstraße 8, 80331 München, www.kabuco.de

Macaroons
Ladurée, www.laduree-boutique.com
Galeries Lafayette, Französische Straße 23, 10117 Berlin, www.galeries-lafayette.de

Pappbecher
Papier Brinkmann, Borkstraße 14, 48163 Münster, www.verpacken24.com
Starbucks Coffee, www.starbucks.de
San Francisco Coffee Company, www.sfcc.de
Balzac Coffee Shop, www.balzaccoffee.de

Klebebänder
Erhältlich in Bastelgeschäften oder Baumärkten

Petit Fours
Madame Miammiam, Antwerpener Straße 39, 50672 Köln,
www.madamemiammiam.de

Zuckerschrift
Erhältlich im Supermarkt, z. B. von Schwartau, www.schwartau-backwelt.de

SPURENSUCHE

Hornlöffel von Leute, www.holz-leute.de
Löffel „Twig" von Artedona, www.artedona.de
Geschirr privat

Grüner Tee
Gourmondo, www.gourmondo.de

Holzbesteck
Papier Brinkmann, www.verpacken24.com

Tortendeckchen
Tortenspitzen, z. B. von Duni im Supermarkt, Drogeriegeschäft, www.duni.de

STAPELLAUF

Geschirr und Besteck (alles bei Kustermann, www.kustermann.de)
Salz- und Pfefferstreuer von Alessi

Stickstoff
Kaut-Bullinger, Rosenstraße 8, 80331 München, www.kabuco.de
Wollywood, Bahnhofstraße 7, 23843 Bad Oldesloe, www.wollywood.de

Kabelbinder
Erhältlich im Baumarkt oder z. B. bei:
most-Haustechnik, www.most-haustechnik.de

Basteldraht
Erhältlich in Bastelgeschäften, z. B.:
Kaut-Bullinger, Rosenstraße 8, 80331 München, www.kabuco.de
Hobbyprodukte.de, www.hobbyprodukte.de
Creativ Point, www.creativ-point.eu

Tafelfarbe
Erhältlich bei Kustermann, www.kustermann.de,
im Baumarkt oder z. B. bei:
Hobbyprodukte.de, www.hobbyprodukte.de
Amazon, www.amazon.de

Pappschalen
Papier Brinkmann, www.verpacken24.com

NATUR PUR

Geschirr und Besteck (alles bei Kustermann, www.kustermann.de)
Olivenholzbrett von Dhouib Olivenholz
Schälchen in orange von Kahla
Glas in orange „Lounge" von Dibbern
Olivenschale von Dhouib Olivenholz
Glasuntersetzer von Sarah Finn

Holzbesteck von Leute, www.holz-leute.de

Tischböcke
Tischböcke von Lignet Roset, www.lignet-roset.de

Bänder
Kurzwarenrausch, www.kurzwarenrausch.de

Papyrus
Kaut-Bullinger, Rosenstraße 8, 80331 München, www.kabuco.de

Filz
Erhältlich in Bastelgeschäften, z. B.:
Johanna Daimer, Dienerstraße, 80331 München, www.dainer-filze.de
Creativ Point, www.creativ-point.eu

Jute
Stoffhaus Kepper, www.stoffhaus-kepper.de

SEEMANNSGARN

Geschirr und Besteck (alles bei Kustermann, www.kustermann.de)
Geschirr „A la carte" von Rosenthal studio-line
Gläser „ Aino Aalto" von iittala
Weingläser „Mankái" von Villeroy & Boch
Weinkaraffe „Six" von Schott Zwiesel
Salzschälchen „Flower" von iittala
Graues ovales Schälchen von Lambert
Löffel von Alessi

Hornbesteck von Leute, www.holz-leute.de

Schieferplatte
Bayerischer Fliesenhandel, Stockacher Straße 9, 81243 München,
www.bayerischer-fliesenhandel.de

Stuhl
Ikarus, www.ikarus.de

Folienstift
Erhältlich in Schreibwarengeschäften, z. B.:
Kaut-Bullinger, Rosenstraße 8, 80331 München, www.kabuco.de
Büro-Direkt GmbH, www.buero-direkt.de

Foldbackklemmer
Erhältlich in Schreibwarengeschäften, z. B.:
Kaut-Bullinger, Rosenstraße 8, 80331 München, www.kabuco.de
Büro-Direkt GmbH, www.buero-direkt.de

Stickstoff
Kaut-Bullinger, Rosenstraße 8, 80331 München, www.kabuco.de
Wollywood, Bahnhofstraße 7, 23843 Bad Oldesloe, www.wollywood.de

HERBSTZEITLOSE

Geschirr und Besteck (alles bei Kustermann, www.kustermann.de)
Vase von Schott Zwiesel 1872
Schälchen „Chinoiserie" von Jasper Conran von Wedgwood
Vase von Zwiesel 1872
Topfuntersetzer von Sarah Finn
Weinglas „Cascara" von Villeroy & Boch

Holzlöffel und Serviettenring von Leute, www.holz-leute.de

Tafelfarbe
Erhältlich bei Kustermann, www.kustermann.de,
im Baumarkt oder z. B. bei:
Hobbyprodukte.de, www.hobbyprodukte.de
Amazon, www.amazon.de

Zieräpfel
Erhältlich im Blumenhandel, z. B.:
Des Fleurs, Westermühlstraße 10, 80469 München, www.desfleurs.de
Blumen, die leben, Max-Weber-Platz 9, 81675 München, www.blumendieleben.de
Blumen Company Hamburg, Lange Reihe 92, 20099 Hamburg,
www.blumen-company-hamburg.de

Folienpapier
Data Becker, Merowingerstraße 30, 40223 Düsseldorf, www.databecker.de

EIN WINTERMÄRCHEN

Geschirr und Besteck (alles bei Kustermann, www.kustermann.de)
Geschirr „Opus" in weiß von Kahla
Feuerzangenbowle-Set (Gefäß und 6 Becher) von Kahla

Tafelfarbe
Erhältlich bei Kustermann, www.kustermann.de,
im Baumarkt oder z. B. bei:
Hobbyprodukte.de, www.hobbyprodukte.de
Amazon, www.amazon.de

Zuckerhut
Erhältlich im Supermarkt, z. B. von Nordzucker, www.nordzucker.de

Skifahrer
Modellbahnshop, www.modellbahnshop.de

Stickstoff
Kaut-Bullinger, Rosenstraße 8, 80331 München, www.kabuco.de
Wollywood, Bahnhofstraße 7, 23843 Bad Oldesloe, www.wollywood.de

Tonpapier
Erhältlich in Bastelläden, z. B.:
Kaut-Bullinger, Rosenstraße 8, 80331 München, www.kabuco.de
Boesner, www.boesner.com (20 × in Deutschland)

IMPRESSUM

© 2008 Verlag Georg D.W. Callwey GmbH & Co. KG
Streitfeldstraße 35
81673 München
www.callwey.de,
E-Mail: buch@callwey.de

Die Deutsche Nationalbibliothek verzeichnet diese Publikation in der Deutschen Nationalbibliografie; detaillierte bibliografische Daten sind im Internet über http://dnb.ddb.de abrufbar.

ISBN 978-3-7667-1721-4

Umschlaggestaltung:	independent Medien-Design
Layout und Satz:	Rika Beisenherz, Schmid / Beisenherz Mediendesign
Druck und Bindung:	Aumüller Druck, Regensburg

Printed in Germany

DANK

Für die zur Verfügung gestellten Locations ohne Locationgebühr:

Regina Moths, Buchhändlerin und Galeristin
Oanh Pham Phu, Designer und Maler
Hans-Gerd Asshauer, Trendconcept
Martina Beauchamp, Architektin
Vivacon AG, yoo Showroom München

Desweiteren:

Sarah Finn
Des Fleurs
Leute, Viktualienmarkt

KUSTERMANN

seit 1798

Besonderer Dank gilt der **Firma Kustermann,**
die uns für jedes Thema Geschirr, Besteck
und Deko zur Verfügung stellte
(siehe Anhang) – alles zu beziehen unter
www.kustermann.de